遗产传承视域下的古村张家塔

A Study of the Ancient Village Zhangjiata from the Vision of Heritage Inferitance

杨建民　曹天一　张家榜———著

北京理工大学出版社
BEIJING INSTITUTE OF TECHNOLOGY PRESS

内容简介

本书从遗产传承的角度,对山西省吕梁市方山县张家塔村的生存价值及保护进行了研究。通过对"活态传承""传统村落保护""文化遗产数字化"等研究课题的重新梳理,本书提出了在遗产传承与保护领域中"生存价值"的研究意义,进而论述了张家塔村作为当地典型的传统村落,因原住民自身的历史传承和当代特征、村落认同及心灵归属等非物质性因素、村落所独具的传统风貌、文化景观等物质遗存因素、联合物质与非物质所共同激发的再创造性活力,而享有亟待保护与传承的生存价值。本书综合遗产保护理论与数字化实践,探讨了张家塔村的保护现状、方法,以及数字技术在传统村落遗产展示及使用领域的可能性。

版权专有 侵权必究

图书在版编目(CIP)数据

遗产传承视域下的古村张家塔 / 杨建民,曹天一,张家榜著. —北京:北京理工大学出版社,2019.5
ISBN 978-7-5682-7026-7

Ⅰ. ①遗… Ⅱ. ①杨… ②曹… ③张… Ⅲ. ①村落-文化遗产-保护-研究-方山县 Ⅳ. ①K928.5

中国版本图书馆 CIP 数据核字(2019)第 085637 号

出版发行 /	北京理工大学出版社有限责任公司
社　　址 /	北京市海淀区中关村南大街 5 号
邮　　编 /	100081
电　　话 /	(010)68914775(总编室)
	(010)82562903(教材售后服务热线)
	(010)68948351(其他图书服务热线)
网　　址 /	http://www.bitpress.com.cn
经　　销 /	全国各地新华书店
印　　刷 /	北京地大彩印有限公司
开　　本 /	787 毫米×1092 毫米　1/16
印　　张 /	9.25
字　　数 /	261 千字
版　　次 /	2019 年 5 月第 1 版　2019 年 5 月第 1 次印刷
定　　价 /	78.00 元

责任编辑 /	潘　昊
文案编辑 /	潘　昊
责任校对 /	周瑞红
责任印制 /	李志强

图书出现印装质量问题,请拨打售后服务热线,本社负责调换

目 录

001	**第一章 绪论**	058	**第三章 张家塔村民居考**
001	第一节 研究意义	058	第一节 民宅
001	一、文化遗产保护的重要性	059	一、祖宅
004	二、文化遗产的创新与利用	062	二、两堂
004	三、张家塔村的生存与发展	063	三、中院
005	第二节 文献综述及名词解释	071	四、财东院
005	一、活态传承	073	五、梁顶六院
006	二、传统村落保护	078	六、西门上六院
008	三、文化遗产数字化	085	七、南门两院
		089	八、三门巷三院
010	**第二章 张家塔村的生存价值研究**	093	九、楼院
010	第一节 生存价值理论的提出	095	十、条壕里
010	一、生存价值的相关研究、理论基础、实践先例及社会前提	104	十一、圪垛上两院
		109	第二节 四大城堡
012	二、生存价值的定义	111	第三节 梦楼
012	三、生存价值的构成要素及意义	113	第四节 庙宇
015	第二节 张家塔村的生存价值研究	114	第五节 祠堂
015	一、原住民因素	118	第六节 宝峰寺
020	二、物质遗存因素		
040	三、生存方式因素	119	**第四章 张家塔村的活态保护研究**
047	四、文化心态因素	119	第一节 张家塔村的保护现状及问题
054	五、发展活力因素	121	第二节 张家塔村活态保护的原则

121	一、原真性原则	128	一、政府引导，政策扶持
121	二、完整性原则	128	二、专家智库，创意审美
121	三、延续性原则	128	三、企业共建，居民入股
121	四、以人为本原则		
122	第三节 张家塔村活态保护的思路	**130**	**第五章 张家塔村的数字化保护实践**
122	一、调研性保护	130	第一节 张家塔村文化遗产的数据采集技术
122	二、规划性保护	130	一、数字影像拍摄
122	三、物质性保护	130	二、村民口述史的视频音频记录
122	四、法规性保护	132	三、三维激光点云数据采集
123	第四节 张家塔村活态保护的方法	136	四、无人机全景拍摄与近景摄影测量技术
123	一、对原住民因素的保护	137	第二节 数字化数据的后期应用
126	二、对物质遗存因素的保护	140	第三节 张家塔村与相关案例的比较分析
126	三、对生存方式因素的保护	140	第四节 对传统村落数字化创新利用趋势的展望
127	四、对文化心态因素的保护		
127	五、对发展活力因素的保护	**143**	**参考文献**
128	第五节 活态传承的理论创新		

第一章 绪 论

第一节 研究意义

一、文化遗产保护的重要性

20世纪70年代初，国际社会已经对文化遗产的价值有了充分的认识，并在以下一些方面达成了共识：文化遗产和自然遗产正受到破坏；任何文化或自然遗产的破坏都有使全世界遗产枯竭的危险；部分文化或自然遗产具有突出的重要性，应当作为全人类遗产的一部分加以保护；这些遗产被破坏，需用国际社会提供集体性援助来参与保护。

在上述先进文化思想的指导下，联合国教科文组织第十七届会议于1972年11月16日在巴黎通过了《保护世界文化和自然遗产公约》。这个公约要求缔约国"竭尽全力"、最大限度地利用本国资源保护文化和自然遗产。同时，整个国际社会也对遗产保护工作承担责任。为达到公约的目的，联合国教科文组织成立"世界遗产委员会"，制订、更新和出版《世界遗产目录》，将"具有突出的普遍价值的遗产"列入其中，作为各缔约国和国际社会的遗产保护工作重点对象。列入《世界遗产目录》的遗产，就是"世界遗产"。

我们认为，一个民族或社会要发展，必须保护自己的文化遗产，否则，这个民族或社会就没有根基、没有个性、没有灵魂。保护中国的文化遗产，就是保护博大精深的中国文化。

1985年3月，在政协第六届全国委员会上，侯仁之、阳含熙、郑孝燮和罗哲文四位委员提交了第663号提案，提出我国应尽早参加联合国教科文组织的《保护世界文化和自然遗产公约》，并准备争取参加世界遗产委员会，以利于我国重大文化和自然遗产的保存和保护，加强我国在国际文化合作事业中的地位。这是我国文化遗产事业的开端。

1986年，我国开始申报世界遗产。国家文物局参照世界遗产委员会制定的世界文化遗产的有关标准，经推荐并征求专家意见，向联合国教科文组织提交了28项文化遗产作为"中华人民共和国世界遗产预备名单"。1987年，长城、明清故宫、秦始皇陵、周口店北京人遗址、莫高窟和泰山等六个遗产地首次被联合国教科文组织世界遗产委员会评审通过，列入《世界遗产名录》。截至2018年，中国已经拥有53处世界遗产，拥有数目位居世界第二（世界文化遗产36处，世界自然遗产13处，世界文化与自然遗产4处）。

文化遗产保护的意义主要体现在以下四个方面。

（一）保护文化遗产是为了保护文化的物质载体

一个民族文化的根基，一种精神文明的传承，需要载体。悠久的文化，是以古迹、遗址、古建筑等为物质载体的。当然，还有一些是以风俗、习惯、传统表演艺术等非物质载体来表现、传承的。

例如，现代建筑以钢筋水泥为材料，它的抗震性能可能会将设防等级提得很高，但是一旦发生重大灾害，抗御风险的能力反而显得不足，造成的后果也严重得多。而中国古代多以土木建筑为主，其结构使它具有更强的抗震作用。这一建筑风格背后，蕴含的是中国刚柔并济的传统文化理念。人所共知的一个例子就是云南省丽江古城经历了7级地震还基本无损，后被评为世界遗产。

再如，上海市历史风貌保护区——虹口区霍山路的老屋和街区，是中国人民与犹太人民友好的见证。这里现在已经得到保护，全世界人民逐渐都会知道，在德国法西斯残酷屠杀犹太人时，在许多国家拒绝接纳四散逃亡的犹太难民时，正在遭受日本帝国主义践踏的中国人民友好地接纳了3万多犹太人。相反，如果承载着历史信息的载体消亡了，附着于其上的历史和文化也必然会被冲淡或消亡。

（二）保护文化遗产是为了抢救这些遗产的生命

文化遗产作为文明的见证，是不可再生的珍贵资源。随着经济全球化趋势和现代化进程的加快，我国的文化生态正在发生巨大变化，文化遗产及其生存环境受到严重威胁。不少历史文化名城、古建筑、古遗址及风景名胜区整体风貌遭到破坏。文物非法交易、盗窃和盗掘古遗址古墓葬以及走私文物的违法犯罪活动在一些地区还没有得到有效遏制，大量珍贵文物流失境外。由于过度开发和不合理利用，许多重要文化遗产消亡或失传。在文化遗产相对丰富的少数民族聚居地区，由于人们生活环境和条件的变迁，民族或区域文化特色消失加快。因此，加强文化遗产保护刻不容缓。

留存文化遗产，其意义也关乎未来。理解文化遗产，应该理解遗产背后蕴含着的深刻历史文化含义，更要在传统的基础上培育出新的现代文化。这种萌发于历史文化传统之上的"新"文化，才更具有根基、底蕴、特色和生命力。社会文明需要新陈代谢，但更新不能摈弃历史，而是在历史基础上发展，是从旧环境中滋生出新的东西。

（三）保护文化遗产是为了更好地彰显其价值

保护与发展之间往往被视为相互抵触的难解的矛盾，其实，这两者之间的矛盾并不是不可化解的。继承和发展、历史传统和现代化要求都是人们的需求。我们应该树立这样一种共识并使之深入人心，那就是：人类的财富理应包括文化财富，而且文化本身是最具活力、最具终极意义的财富。文化遗产保护工作的深入展开，关键是要让社会各界更好地体味与认同它的价值，历史文化的价值同样蕴藏着巨大的财富。

认识文化遗产的"价值"成为首要思考的问题。因为只有认识到我们优秀的文化遗产有非常重大的价值，才能把这种价值转换成公众对文化遗产保护事业的关注，也只有把价值提到我国的文化遗产保护的日程上来，公众才能真正意识到，保护遗产有着十分重要的意义。这样一来就更能够提高广大群众对保护我国优秀文化遗产积极性，普及保护遗产的范围和认识。

文化遗产价值不是单一的，而是多方面的。其中，最根本的是遗产自身的价值。对于文化遗产来说，自身价值主要体现为它保留了当初的原始信息并记录了历史活动信息。遗产自身保留和记录的原始信息及历史信息，往往有着重大的社会价值。遗产不同于一般资产，它又有其特殊性。遗产的特殊性主要有两点：一是珍稀性，二是易失性。由于珍稀，价值倍增。由于易失，更加珍贵。这两个特点通常会使遗产的社会价值翻番，更为无价。一般来说，社会价值是对遗产进行保护和利用的根本原因。

遗产有了社会价值，有可能就会产生经济价值。一般来说，经济价值是由遗产的实用性决定的。然而，遗产的实用性，是依人们对它的认识和需求而定的。一般所说的社会价值和经济价值，是对社会总体而言的。遗产的自身价值、社会价值、经济价值，构成一个价值系列。遗产自身的价值，是独立的、客观的、不受外界因素影响的，是决定其社会价值的基础。遗产的社会价值，是长期的、稳定的、潜在的、全面的、整体的，是针对人类社会总体而言。社会价值是由遗产自身的价值决定的，反过来它又是形成经济价值的基础。然而，遗产的经济价值，要受市场波动的强烈影响，是动态的、变化的、有时效性的。一般来说，经济价值既不能反映遗产全部的社会价值，更不能表达遗产本身的内在价值。经济价值所反映出来的，仅仅是遗产的一部分社会价值，或者说是现实的实用价值。在通常的情况下，经济价值要远远低于遗产的社会价值。所以，从总体上说，遗产的这三种价值，是统一的、内在的，但在具体场合下又往往是不一致的，甚至是矛盾的。遗产价值体系的这种统一性和矛盾性，常常要贯穿于遗产保护和利用的全过程中，需要细心的处理。

要解决好遗产价值的统一性和矛盾性，就要用科学发展观来指导我们的遗产事业。遗产自身的价值，是一切价值的基础和载体，是根本，是保护的对象。因而，保护是遗产事业的基础，是原则。然而，保护不是唯一的目的。我们的目的是要让遗产在得到妥善保护的基础上充分实现它的社会价值。而且，这也是遗产的最大价值。也只有在遗产的社会价值得到展现的过程中，它的经济价值才能够得到实现。经济价值，又是现阶段遗产保护的物质保证。所以，只有以科学发展观为指导，遗产的自身价值、社会价值和经济价值才能够在实践中得到很好的统一，我国的遗产事业才能走上健康的发展道路。

（四）对文化遗产保护意义的认识需要不断深化

认识文化遗产的价值是一个不断展开的历史性的过程，在不同的社会历史背景下，不同社会群体和不同的人往往只关心或看到其价值的不同侧面。因此，在当前的文化遗产价值认识上应克服上述的局限性和狭隘性，并在文化遗产价值评估中予以充分的体现，以便决策管理者以及文化遗产的保护、利用与管理能够照顾到文化遗产的整体价值。文化遗产的价值会随着社会发展、人们认识水平的提高而有一个不断丰富的呈现过程。它是动态的、发展的和不断积累的。未来的人们会有更多更好的办法了解到关于同一个文化遗产的更多信息和价值。因此，遗产的价值应该是跨时代的；遗产应对一代接一代的人发挥永续的作用。这也是为什么当前关于文化遗产的工作方针是"保护为主，抢救第一，合理利用，加强管理"，是应当把文化遗产尽可能完整地传诸子孙后代的原因。只有这样，我们才能够把我们的文化遗产保护工作做到准确，做到位。

许多国家的遗产保护经验证明，文化遗产可以作为一种旅游资源和文化创新的资源对社会发展起到积极的推动作用，让大众参观欣赏文化遗产是其发挥作用、实现价值增值和传承的重要途径。但是，应该清楚地认识到，对文化遗产的参观等社会需求有其特殊性：当生活比较贫困时，人们对遗产几乎没有审美需要，而当收入达到一定水准时，这种需求就会突然加大。所以，不应错误地认为凡是资源都应当立即予以开发，以图获取其中蕴含的经济利益。对文化遗产这样的特殊资源更不能如此。文化遗产作为一种特殊的资源，不能生产，只能消费，并且公共性很强，对其消费有一个代际公平问题。更不应该在文化遗产的消费过程中像一般财产那样将文化遗产消费掉，而应当提倡可持续消费，为未来人留下继续消费——通过文化遗产的消费体验接通历史的机会——这是人类历史连续性得以保障和文化不断创新、社会不断进步的前提之一。

经济学被认为是研究资源配置效率的科学，市场经济被认为是资源配置的最有效的方式，人们认为通过供求双方的公平博弈，所有的商品都可以在市场上获得自己应有的价值定位。但是如果希望依靠市场机制对文化遗产的保护、利用、管理、经营进行配置，是不符合文化遗产这种特殊资源的品性的，因为没有任何市场机制可以让未来世代的人口与现在世代的人口进行"讨价还价"的交换并决定一个合理的市场价格来配置这些原本属于"代际人口"的文化遗产资源。

在经济高速发展的时期，往往也是文化遗产的处境比较尴尬和危险的时期。因为，如果假设其他方面（休养、知识、道德、家庭）都一样，那么体验着经济高速增长的人总会比没有体验着高速增长的人更加"目光短浅"，即行为的短期化。即便不是经济高速增长的时期，由于未来人的市场缺席，他们的利益也总是倾向于被忽视，因此，无论从什么角度说，用市场手段配置文化遗产的开发与消费是不可行的——因为在所有的市场上，文化遗产的价值和市场定价总是容易倾向于被低估和轻视。

保护和传承文化遗产的手段是极其多样的：制定合理的社会发展与文化遗产保护利用规划；强制性立法；加强日常照料、养护、维修；实施保护工程；提高管理水平；培养社会性保护意识以及作为文化核心的文化遗产保护价值观与道德观；等等。其实对于大多数遗产特别是不可移动类文化遗产的保护，需要支付的机会成本仅仅是放弃文化遗产所占土地开发带来的局部性眼前利益——不必投入什么人力物力——只要不为了眼前的蝇头小利去触动它，改变它存在的环境，它的价值就会存在和延续。

如果说文物学研究在史料方面已经做了大量的、开创性的工作，相应地，在地域文化研究方面则相应不足。由于对本土文化缺乏深厚的功力，甚至存在不正确的偏见，因此尽管中国文化源远流长、博大精深，面对全球强势文化，我们一时仍然显得头重脚轻、无所适从。提倡世界遗产研究，其理论与实践不能没有地域文化研究的根基，否则就是无源之水、无本之木。

我国各族人民在漫长的历史中共同创造了宝贵的文化遗产。其种类之繁多、形式之多样、内容之丰富，为世界少有。我国文化遗产蕴含着中华民族特有的精神价值、思维方式和想象力，体现了中华民族的生命力和创造力，也是全人类文明的瑰宝。文化遗产以独特的方式潜移默化地影响人们的思想观念，对维系中华民族的特征，对保持中华文明的延续起了特殊和重要的作用。中华文明成为世界几大文明中唯一绵延至今从未间断的文明，中华民族优秀的文化遗产以及蕴含其中的强大的民族凝聚力和生生不息的思想活力功不可没。

根据上述意义来看，山西省吕梁市方山县张家塔村的保护与研究是一项重要课题。本课题立足于以研究促保护，以创新促发展，对作为丰富地域文化、民族文化物质载体的传统村落进行深入研究，完整明确其构成范围及演化进程，完善其价值体系，解决好遗产价值的统一性和矛盾性问题，以动态与创新的眼光为其延续传承打下坚实基础。

二、文化遗产的创新与利用

保证文化遗产的存在和发展，不仅要保证整体性，还要保证其生命活力和生命价值，使其不被湮灭在万象更新的社会生活中。从一定意义上说，对于文化遗产的创新与利用，就是要加强这种对民族文化的共同认同感，更好地维系住民众与文化的联结，同时防止本民族的文化历史的消亡和替代。不可否认，随着历史语境和社会条件的改变，许多文化遗产以及非物质文化遗产已经由于被错误地理解和利用，成了逐利过程中的商业对象，失去了原有的历史价值和文化特质。快餐文化、流行文化的不断兴起，现代科技手段的迅速更新，也使人们的审美追求和精神需求受到影响。

文化遗产的创新与利用势在必行，一方面基于如张家塔村一般的传统村落自身所具有的文化遗产价值，即世代留给当代人的历史感和文化质感需要被合理地整合，使其得到充分的继承与发展；另一方面则基于文化遗产以及非物质文化遗产所具有的现实意义，即当其以当代的形式重新焕发出积极的文化意义，将利于缝合当代的文化断层，同时丰富人们的审美价值。文化断层，就是在本来没有界限的文化群众由于文化追求不同而出现的越来越明显的隔阂、差异，对文化的健康发展和交流产生阻碍作用。随着现代社会节奏的剧烈加快，一些精神的、优秀的文化还来不及被人们消化就已经被忽视在发展的热潮中，出现了严重的文化断层现象，如传统文化与现代文化的断层、精英文化与民间文化的断层、汉族文化与少数民族文化的断层等。而从文化遗产及非物质文化遗产中提取的中国元素，找到不同时代、不同阶层、不同民族的文化共通点，削弱文化断层带来的不利影响。

这里需要搞清楚的是，所谓的创新与利用并不是简单地用一种新时期的眼光和科技手段来衡量历史的价值。创新利用真正要做的，是如何将精神内的民族传统、精神素养、文化意义等借助外在的审美因素整合成更具有民族特色的文化标识，更能经受住时代的冲击考验，更能激发起人们的民族情感和文化认同。既要着眼于过去，提炼文化信息，从浩瀚的历史资源中寻找属于自己的个性文化特征，又要着眼于未来，依靠对其的物化传承来保证精神的延续性。可以说，这正是我们探讨文化遗产生存价值时的重要环节，传统村落中的文化遗产及非物质文化遗产是否还具有存在价值，非常重要的一点就是要观察其历史精神与文化传统是不是能与时代紧密地贴合，是不是与其所给养的使用者相互协同发展，而不是被束之高阁、隔岸相望。

本课题提出在应用数字化进行传统村落保护中的多学科融合理念，此外，在创新利用传统村落数字化技术应用的方式上也提出了新的思路。传统村落的保护本身就是一个多重和综合的问题，这就决定了传统村落的保护这一话题不应该成为单一学科能够讨论的话题，而应该在合理的分层理论下进行多学科共同探讨，这样的理念对数字化技术应用来说同样适用。传统村庄的资源应该由社会共享，完全针对学术研究或者完全应用于商业旅游开发都存在对数字化资源利用的局限性。在当今信息时代的背景下，广泛传播、吸引更多学科的介入，才能提供更多的新思路，更有可能达到保护和传承优秀传统文化，实现民族文化自信的最终目的。在目前已经开展或已完成的传统村落数字化保护案例中，对于数字技术本身的讨论，技术讨论与技术实践的案例已经非常成熟，然而，近年来对数字技术应用的探索很少有突破。本书将尝试利用设计学的思维，创新构想文化遗产数字资源的利用模式，探寻延长数字化资源应用链条。在这次讨论中，结合目前国内对文化创意产品的需求，针对传统村落数字化成果共享与文创产品创作思路进行探索，提出学术研究 - 资源共享 - 实体转化这一传统乡村数字资源新模式的创新与利用模式，从而对数字村落保护与利用的实践有一定的参考作用。

三、张家塔村的生存与发展

长期以来，张家塔村都在经历着自然侵蚀与现代冲击，其历史风貌正面临着解体，人文风俗也变得黯然失色。尽管村落目前仍旧处在相对原始的阶段，但是保护工作已经刻不容缓。因此及时开展对张家塔村的调查研究，有利于完善山西古村落名录，保护有价值的传统民居、抢救文物古迹和传统文化，对保护和延续黄土高原上的传统古村落具有一定意义，研究成果也将为方山县未来的发展规划提供重要参考依据。因此，本课题有利于加强山西省方山县张家塔村文化遗产的保护与开发工作，健全政府扶持、民众参与、保护工作者指导的工作体系。

张家塔村从选址到营建，处处无不体现出深厚的历史、艺术、科学、审美价值。而民居建筑中的历史文化内涵，当地原住民自身所带有的特色民俗，都令人动容。张家塔村的建筑遗存，不仅是在布局和设计独具风格，更散发着浓浓的地方文化魅力，承载了黄土高原上的多元信仰，对于张家塔村的研究与探讨，不仅是在时代背景下对传统文化探讨的需要，更是传承与发扬中华民族精神的绝佳途径。本课题有利于保护张家塔村的本地文化、弘扬民族精神，并对其未来发展进行了实践。

中共中央在"十一五"规划中提出，建设社会主义新农村是我国现代化进程中的重大历史任务，该观点在"十三五"规划中得到进一步明确，"加强乡村生态环境和文化遗存保护，发展具有历史记忆、地域特点、民族风情的特色小镇，建设一村一品、一村一景、一村一韵的魅力村庄"。因此，探索继承民族文化遗产，保护历史文化特色，使张家塔村的文化遗产与精神财富在城市化浪潮中得以活态传承，具有十分重要的现实意义。本课题充分适应当前形势，有利于实现"一村一品"，助力张家塔村个性化、差异化复兴，同时实现文旅互动，村产人文融合发展。

通过了解当地原住民的保护、开发建议，实现尊重原住民在现代生活中的实际愿望，从而协调管理者与决策者处理好张家塔村文化遗产保护与生存发展之间的关系，是我们最殷切的追求。社会主义新农村建设在改善农民的生活条件、提高人口的素质的过程中，必然会与古村落保护、开发产生矛盾，因此对矛盾进行深度的调研与探讨，既保住和发展古村落的历史文脉，又尊重文化传承主体的现实需求，促进当地全面发展，进而推进社会主义新农村建设，实现活态传承，对传统村落进行整体保护，是本书研究最重要的意义和目的。

第二节　文献综述及名词解释

一、活态传承

（一）活态传承的相关研究

在当前主要的理论研究中，"活态传承"主要以"活态文化""活态遗产""活态保护"等提法体现在非物质文化遗产的保护研究领域中。近几年，对于物质遗产的"活态传承"也出现了重大的进步，主要体现在历史街区及遗址领域的研究中。

从世界遗产体系来看，联合国教科文组织对活态遗产的关注始于20世纪末，之后逐渐将遗产的活态性体现在1984年及1992年"历史城镇"与"文化景观"的新增遗产类型之中，并于1994年在《实施世界遗产公约的操作指南》[1]修订中出现"活的文化"以及"活的传统"等提法[2]。活态遗产目前在世界范围内尚且不是一种有所规定的遗产类型，但是作为对遗产保护与价值评定的方式之一，已经得到了一定的关注。

国内研究中最为著名的当属中央美术学院非物质文化遗产研究主任乔晓光[3]（2004）对"活态文化"内涵和保护原则的阐释，他认为："民间的活态文化资源不是孤立、简单、表面的艺术形式，而是体现一种生存的需要、一种时间顺序的生存行为，是通过整体的活动来再现一种生存的主题。"此后，复旦大学学者赵晓梅[4]（2004）对活态遗产保护理论、方法的发展进行了深刻梳理。高梧[5]（2007）也在其文章中谈到，在非物质文化遗产的保护过程中，利用传承人、时间、空间组成动态的文化场形成活态保护，十分有助于开拓文化传承渠道、保存文化空间、延续文化的脉络，是一种十分关键的手段。学者汪芳[6]（2007）在其文中强调"社区生活""活的文化"等概念，参观者和当地居民的互动使古村落、历史街区也成为生态博物馆的形式之一。徐用高[7]（2011）认为，活态传承是指文化由个人或群体在其独特的双重环境中通过传承而不断延续和发展。较为系统的梳理，有王雷[8]（2013）在其硕士论文中对活态遗产理论进行的详细阐述，以及赵越[9]（2014）在其硕士学位论文中对非物质文化遗产活态传承的含义、要素和原则提出的独到见解，和其在历时性和共时性的角度上为非物质遗产的活态传承提供的理论依据等。学者朱生东等人[10]（2014）谈到，必须对农业文化遗产实施活态保护，"让文化真实地生活在文化创造者的世界里面，让文化生态在流传中继承，在展示中保护，在利用中发展，在活动中实现社会效益、经济效益和文化生态效益的最佳相合"。

此外，还有学者提出"活态传承"在物质遗产保护中的应用。王晓琼[11]（2011）认为，农业遗产中的物质性因素和非物质性因素已经大量流失，必须对二者同时提出活态保护。赵心愚等人[12]（2012）认为，对"活态保护"中保护内涵的理解应是对物、载体、人、生存空间四者的整体保护。周俭[13]（2012）认为，古村落与历史街区都是活态遗产的组成部分，动态保护是必需的手段。在最近的研究中，欧阳国辉等人[14]（2017）在阐释传统村落及其民居的核心价值的基础上，提出了"人、村落与自然"三位一体的保护研究思路及其操作方法，倡导实施整体活态保护。

特别值得一提的是，王献水[15]（2016）在其硕士论文中对活态保护理念的来源、发展、评估进行了十分细致的阐述，梳理了对物质遗产与非物质遗产的静态、动态、活态保护理念的发展，明确提出动态保护和活态保护同样应用于文化遗产中，并提出了诸多理论依据，为本书下文中的研究奠定了一定理论基础。

（二）活态传承在本书的定义

本书所提及的"活态传承"是指通过实地调研、理论探索、旅游规划创新、数字化实践等手段，综合遗产中人、时间、空间等因素，将张家塔村的文化遗产和相关非物质文化遗产所共同构成的生存价值，以及附加在生存价值上的其他价值实施立体保护与利用的方法。

在本书中，"活态"主要体现在三方面：

首先是体现在对张家塔村的生存价值的定义方法上。本书的研究对象是张家塔村的生存价值，在对张家塔村的生存价值进行定义时，以活态传承的视角，将"生存价值"定义为由原住民及其生活方式、文化心态、本地物质遗存、本地物质与文化的发展活力（再创造性）所共同构成的价值体系，体现了以人为本、永续发展的原则。

其次体现在对张家塔村的文化遗产及非物质文化遗产的保护方式与方法上。在对文化遗产的保护中，相较于"静态保护"概念中单纯对古迹采取"原址保护"以及对文物的保护和修复采取"原物归位法"及"可辨识原则"等手段[16]，活态传承能够延展被保护对象所涵盖的范围，可以将一切非物质文化遗产的物质传承主体都作为文化遗产加以更全面的保护[17]。保护模式与"静态保护"相比，更趋于动态化，可以通过将科学有效的保护与合理利用相结合的方式，来实现文化遗产的活态发展。在对非物质文化遗产的保护中，相对于"静态保护"概念中的"抢救性保护"和"馆藏式保护"，活态传承的保护模式更加注重非物质文化遗产的可持续发展，更能够做到"以人为本"，能够更好地加强对文化传承主题与文化空间的相关保护，通过对文化载体、文化及文化行为的采访、调查、整理、研究，实现张家塔村非物质文化遗产的多种方式的传递、继承与延续[18]。

最后是体现在保护、开发工作的创新方法上。这主要包括对文化遗产的调研与分析，对当地自然环境与人文环境的走访与思考，以及保护工作中的手段以及开发工作中的思路等，以达到保护村落、实现遗产价值的体现与提升的目的。在这个过程中，重视原住民的生存发展需要和外来参观者的积极互动，重视创新观念与法制建设，重视经费的收集与使用，重视周边相关环境的营建以及适度开发，体现出了"活态化"。

二、传统村落保护

（一）国外古村镇保护的相关研究

多年来，世界逐渐意识到保护历史城镇和村落的历史价值与文化价值。20世纪60年代，《威尼斯宪章》[17]（1964）就明确指出，文物"不仅包括单一建筑，还包括能够发现独特的文明、有意义的发展，或者是城市或农村环境的历史见证"。20世纪70年代开始，联合国教科文组织、国际古迹遗址理事会先后通过了《关于保护历史小城镇的决议》（1975）、《关于历史地区的保护及其当代作用的建议》

（1976）、《保护历史城镇与城区宪章》（1987）等一批重要的决议，对历史城镇、古村落的保护提出了规范及保护建议。随后许多发达国家陆续在不同领域对乡村和传统村落的保护和发展进行了探索，其中涉及传统村落建筑与环境的保护与更新、文化传承与永续发展、产业升级与设施完善、社区营造与特色发掘等。朴龙洙[19]（2011）谈到韩国通过农民的乡村运动建立社区及公共服务体系，实现了乡村的现代化。任朋朋等人[20]（2012）在文章中谈到美国对其传统村落民族历史特征的维持与保护以及英国对自然环境和传统民居的保护与更新。申明锐等人[21]（2015）谈到日本通过"一村一品模式"实现了乡村特色的发掘与农业升级。

（二）国内传统村落保护的相关研究

在我国，费孝通的《江村经济》（1935）和梁漱溟的《乡村建设理论》（1937）为古村落保护研究奠定了一定的基础。改革开放后，在经济、政治等诸多因素的作用下，许多村落原生的文化及形态逐渐消失，逐渐引起了政府和社会各界对乡村的价值及其保护与传承的关注，继而从遗产、建筑、景观、文化、旅游等多个角度对其展开了理论与实践探索。

近几年中，学界对古村落的活态传承提出了许多新的观点，例如，潘鲁生（2013）认为，必须在对古村落的保护中注重古村落自身的特色，融入时代的发展特色，发掘古村落的独特文化，对古村落进行整体保护，也只有对文化进行活态传承，才能够更好地实现对古村落的动态保护以及良性发展。冯骥才（2014）则强调村民的重要性，即对传统村落的保护必须能够有效地改善村民的生活，这样才能够使村落更好地进行可持续发展。除此之外，他还呼吁政府、社会和个人发挥各方的文化自觉性，建立多元全面的保护手段以及行之有效的监督机制等。

对于山西传统村落的研究，较有代表性的有天津大学师生对晋中的张壁村进行的调研、保护与发展规划（1996）、西安建筑科技大学师生对汾西县师家沟村的深入调研与论文研究（20世纪90年代）、清华大学师生对晋东南郭峪村的研究（1999）以及太原理工大学师生的一系列研究等。此外，《古镇书·山西卷》（2004）一书的出版，也从旅游角度对山西27个古镇进行了介绍，为山西省的古镇保护提供了研究案例。

（三）传统村落在本书中的定义

本书认为，在探讨我国村落价值的保护和传承研究过程中，需要对"历史文化名村""古村落""传统村落"等相关概念进行区分和界定。

"历史文化名村"的提法是中国独有的，国外一般称历史城镇、古村落等[22]。具体来说，历史文化名村是由国家组织评选的，保存文物特别丰富且具有重大历史价值或纪念意义的，能完整地反映一些历史时期传统风貌和地方民族特色的村[23]。

2012年，传统村落保护和发展专家委员会决定将习惯称谓的"古村落"改称为"传统村落"，以突出其文明价值及传承意义。冯骥才（2013）认为，传统村落是指那些村落的历史面貌比较完好，具有比较丰富文化遗产、独特的生产和生活方式以及依然有村民居住生活的活态的村落。何连弟（2015）认为，传统村落是指民国以前建村，建筑环境、建筑风貌、村落选址未有大的变动，具有独特民俗民风，虽经历久远年代，但至今仍为人们服务的村落。鲁可荣等人（2016）认为，传统村落有广义和狭义之分。广义的传统村落是指建村历史较长且具有较为完整的村落历史面貌、村域选址布局及民居建筑，具有浓郁地方特色的农耕生产生活方式，村民仍然生产生活于其中的活态的村落共同体。狭义的传统村落则更强调其作为文物保护单位[24]。

根据以上观点，在本书中，将"传统村落"广泛地定义为：保留了一定的历史面貌，具有较为丰富的文化遗产或非物质文化遗产，至今仍然存在原住民以原始文化心态或生存方式居住、生活的村落。

与上文中的定义相比较，这个定义缩小了"传统村落"的时间范围，也降低了对其现存的物质及非物质遗产的要求，从而在一定程度上弱化了其在历史、艺术、科学等领域的价值和影响力，与"历史文化名镇（名村）"做了区别；同时强调了原住民及其原始文化心态、生存方式的重要性因素，与一般村落相比，传统村落在经济、社会功能之外，还承载着历史文化的传承功能，具有更加突出的价值。在定义中体现以人为本和可持续发展原则，有利于保护方法的更新。此外，后文中即将讨论的生存价值及其活态保护方法，可以为这一类村落的保护与发展提供建议。

（四）张家塔村的相关研究

由于方山县张家塔村目前还处于比较封闭的状态，相关的研究比较少，以硕士论文、博士论文为主，而现有的论文主要从建筑学、城乡规划学、美学视角等方面对张家塔村的民居建筑进行研究。郭潇[25]（2012）从建筑学、规划学等角度分析了张家塔村的保护现状和保护方向，评价了张家塔村的人文居住环境，并对今后的发展制定了一定的规划。冯瑞[26]（2013）主要针对张家塔村民居的建筑形式，对张家塔村民居的空间形态、布局及其价值进行了分析，为后续的保护工作提供了宝贵的资料。

三、文化遗产数字化

（一）文化遗产数字化的相关研究

文化遗产是国家未来发展的坚实基石，是文化自觉和文化自信的根本依据，是国家创新发展的宝贵资源，是建设特色和谐城镇的必要力量，是现代科学研究的重要对象，也是国家新常态的特殊组成部分。在国内外，文化遗产保护已上升到国家战略层面。十九大报告提出要深入挖掘中国优秀传统文化的思想观念、人文精神和道德规范。结合时代要求和传承创新，中国文化将展现出永恒的时代魅力。十九大为中国社会主义现代化建设制定了新的战略，制定了新时期协调"五位一体"总体布局的战略目标。文化遗产保护也进入了一个新时代。如何促进中国优秀传统文化创新发展的转型，新时代新形势将这一课题交给了学者。

自20世纪50年代以来，世界开始进入以计算机技术为核心的新技术革命。科学技术的飞速发展和互联网技术的普及与应用，进一步打破了空间知识传播的障碍。人们的交流方式和协作方式发生了巨大变化。以此为背景产生的人类知识结构的急速扩张、知识领域之间的相互交叉与融合，连同数字化、信息化一同构成了当今社会的重要特征。

在这种情况下，文化遗产的保护也进入了一个新的阶段。使用数字技术来保护文化遗产起源于西方。20世纪90年代，美国率先利用数字技术对历史记忆与文化档案等进行数字记录与保护。1992年，联合国教科文组织对每天发生的文化遗产的消失事件做出了回应，并启动了第一个全球文献遗产数字保护项目世界记忆项目。这一举措促成了世界文化遗产数字化的高潮。法国国家数字图书馆古籍数字保护项目Gallica的范围涵盖中世纪到第一次世界大战，包括30万张静态图像和其他历史文化资源。它旨在保留法国历史和文化的记忆，并寻求数字化的发展。在建筑遗产保护领域，以罗马瓦伦蒂尼宫地下浴场遗址的数字展示为例，创造性地使用了数字投影技术，在原址上进行了虚拟的重生，受到广泛好评。

中国的传统文化遗产保护工作较早进行，但采用数字手段保护和发展文化遗产的做法相对较晚。2005年，国务院发布了关于加强对中国非物质文化遗产保护工作的意见并提出利用文本、录音、视频、数字多媒体和其他手段来制作真实、全面和系统的受保护对象记录。数字技术与非物质文化遗产的结合已成为一种趋势[27]。2016年，国务院发布"关于进一步加强文物工作的指导意见"，提出加强技术支持，充分发挥科技创新的主导作用，充分利用云计算、大数据、互联网+等现代信息技术，促进遗产保护与现代技术的融合[28]。被誉为"20世纪最有价值文化发现"的敦煌石窟以精美的壁画和雕像而闻名。为了应对其不可逆转的灭绝危机，敦煌学院从20世纪90年代开始将数字技术用于"长寿"。进入21世纪以来，故宫博物院和省级主要博物馆也开始探索数字保护和利用。由清华大学郭黛姮教授带领的数字化圆明园团队，基于严谨的学术结合完整的产业创造与拓展，获得了国内外的一致好评和高度认可。此外，浙江大学、武汉大学、中山大学等大学也在积极开展文化遗产数字化保护研究。

（二）文化遗产数字化在本书中的定义

文化遗产数字化的概念最初在国际上被提出时使用的是"Digital Heritage"这一词汇。2003年，联合国教科文组织通过的《保护数字遗产宪章》（*Charter on the Preservation of Digital Heritage*）旨在用现代的技术手段，生成一系列可以被存储、保护、利用的有价值的文化遗产的数字信息，并且将范围划定在文化、教育、科学和行政领域以及相关的医学、技术、法律等领域[29]。

而这一概念在使用过程中不断发生意义和功能上的拓展与进化。2012年，在北京召开的第二届文化遗产数字化国际论坛（CHCD2012）中首次使用数字遗产来代指文化遗产领域内的数字化工作。2015年数字遗产国际会议（Digital Heritage 2015 International Congress）于2015年9月28日—10月2日在西班牙格拉纳达召开。会议围绕五个主题：数字化和捕获，计算图像和交互，分析和记录，理论、方法、保存和标准，数字遗产项目和应用程序。包括计算机科学、考古学、信息科学、艺术等学科。会议在原有的文化遗产范畴之上，拓展了新的数字化内容，在对数字采集与保存的技术进一步标准化和规范化的基础上，加入了对文化遗产数字化的展示和传播的内容，增加了数字遗产展示和数字遗产的解决方案与应用的探讨[30]。

到目前为止，文化遗产数字化这个词已经成为文化遗产、考古学、综合跨界整合的问题，如测绘科学、艺术、信息档案科学等。远远超出了文化遗产数字化原始概念的适用范围。而本书将在现有技术发展的基础上重点讨论传统村落中文化遗产的数字展示和应用问题。

利用数字化手段可以在很大程度上解决文化遗产"永生"的问题，使其始终能为公众所使用。在文化遗产方面，它面临各种不可抗拒的因素，如火山爆发、地震和海啸。或者是因为自身材质原因受到了侵蚀、动植物微生物的生长、太阳辐射等，能够以一种新的形式被保存且不影响继续解读。又或许在文化遗产面临社会发展的淘汰，人们的思维方式转变，所造成的活态化传承遭受不可逆影响的情况下，例如很多农耕文明时代的技艺、艺术逐渐被高速发展的工业文明、信息文明所取代，人类的生存方式、生活方式、思考方式都产生了巨大的变化，这一切使很多文化遗产传承的根基遭到了严重的威胁，并且这一取代的趋势正在随着时间的推移而逐渐加速，我们面临着适应时代变革与保存人类记忆的双重压力。因此，依靠技术手段留存文化遗产的记忆便成了必要且紧急的手段[31]。

除去更好地保存与保护文化遗产这一作用之外，文化遗产的数字化是信息时代发展的必然趋势。信息时代数据的不断膨胀和不同学科相互碰撞的特性，使信息资源的共享成为必然。数字技术的应用，突破了传统保护手段的局限性，提供了更为丰富的传播形式，利用信息时代传播速度快、范围广、影响力大的特点，也可以提高文化遗产的认知度、发挥文化遗产的价值、促进文化创新[32]。

第二章　张家塔村的生存价值研究

第一节　生存价值理论的提出

鉴于"生存价值"一词尚未得到学界的确认，本节首先对"生存价值"一词的前人研究、理论基础、实践先例及社会前提进行整理和分析。进而对"生存价值"进行定义，指出生存价值是"传统村落和人所共同构成的综合体中，物质与非物质成分按照其自身发展的规律，并结合外部环境影响，所形成的特有的存在意义"，然后提出其完整体系由物质遗存、原住民、传统生存方式、传统文化心态以及发展活力五项主体要素构成，任一主体要素都具有十分重要的意义，一旦发生变化，都将导致传统村落的生存价值发生改变或受到破坏。

本节最后结合实例分析了五项主体要素的意义，进而构成了生存价值理论的意义。通过分析以浙江省乌镇为代表的水乡古镇实例，解释了抽离原住民因素后的文化遗产和非物质文化遗产，其生存方式和文化心态都不再具有原真性；结合对张家塔村现有的开发计划的反对意见，说明物质遗存因素应当包含传统村落的自然环境、人工环境以及物质遗存所蕴含的非物质因素，并在保护过程中对原始风貌进行完整的保护，同时防止建设性破坏；同样结合对张家塔村现有的开发计划的反对意见，指出生存方式因素主要体现为当地居民的饮食、语言、民俗形式、宗教或宗族的礼仪规范等，是能够体现传统村落个性的重要因素，不应当让其受商业价值所左右；最后通过于家村的反面实例和乌镇、塔川村的积极影响做对比，得出传统村落全都完整保留传统，而不进行批判性地继承和发展，则会造成整体氛围的停滞，而积极促进发展活力，则能够使传统村落重新焕发生机、商机，实现活态传承。

一、生存价值的相关研究、理论基础、实践先例及社会前提

（一）相关研究

在近些年的国内研究中，学者吴美萍[33]（2006）在其文章中试图从多角度对文化遗产的价值构成及其影响因素进行分析和评估，并提出了该领域的新问题及其研究动向。徐春龙[34]（2016）在对农业文化遗产的价值进行评估时提到"存在价值"一词，并将其定义为"人们希望将支付金额用于确保农业文化遗产可以永续存在而产生的支付意愿"。

（二）理论基础

1972年，联合国教科文组织在《保护世界文化和自然遗产公约》[35]对文化遗产的定义中指出，文化遗产的普遍价值体现在历史、艺术和科学等角度中。2011年，我国颁布的《中华人民共和国非物质文化遗产法》[36]则谈到非物质文化遗产具有历史、文学、艺术、科学价值。

1976年，《内罗毕建议》[37]中将《威尼斯宪章》[17]中保护古迹周边环境的概念进行延展，认为古迹环境是所有影响观察各古迹的动态化或静态化的人工环境或自然环境，并将周边建筑应与古迹保持和谐作为重要的判断依据。

1992年，村落文化景观被联合国教科文组织世界遗

产委员会列入《世界遗产名录》。因"具有突出普遍价值"及"体现了人类与自然环境互动的情况",作为"能持续使用土地的特殊手段",这种以农业经济为基础,以村落为中心的遗产类型在城市化和工业化的冲击中,开始得到越来越多的关注。

1998年,联合国教科文组织在《人类口头与非物质遗产代表作条例》中首次明确提出对特定文化形态的整个生活空间进行整体性保护,即"文化空间"的保护[38]。

2002年,联合国粮农组织(FAO)在全球环境基金(GEF)和世界各方的支持下,开展"全球重要农业文化遗产"项目(GIAHS)并提出了"基于社区的保护"的概念,并强调农业遗产中的原住民社区,是农业遗产保护的主力。

2003年,联合国教科文组织发布的《保护非物质文化遗产国际公约》中明确提出,在"非遗"保护实践中,要使居民"自己具有一种认同感和历史感"[39]。

2005年,《国务院办公厅关于加强我国非物质文化遗产保护工作的意见》[40]中提出了"文化生态"这一概念,并指出"随着全球化趋势的加强和现代化进程的加快,我国的文化生态发生了巨大变化,非物质文化遗产受到越来越大的冲击"。

2007年,联合国教科文组织在《布达佩斯宣言》[41](2002)所提出的4C原则的基础上,增加了"社区参与"原则。

2008年,国际古迹遗址理事会(ICOMOS)将之前"纪念物与场所之社会无形价值的保存"议题再扩展为"遗产地精神(场所精神)"的议题,进一步探讨文化遗产与非物质遗产的关系,以及场所精神内部社会与文化机制的关系,提出遗产地场所精神是由各个社会角色,如建筑师、管理者和使用者共同建构而成的,这些角色共同赋予其精神意义和内涵[42]。

(三)实践先例

幸运的是,我国长期以来对传统村落的保护实践已经充分显示出"人"在整个保护过程中所发挥的重要性。以北京清华城市规划设计研究院文化遗产保护研究所为例,2004年,对福建土楼进行保护时,在报告中就已经开始对居住者的居住情况进行评估;在对藏羌碉楼进行规划时,也明确提出居住者和所有者都应参与到保护中去;2007年,对山西黄河碛口古镇的保护规划中,甚至将遗产相关人员分为16类,并详尽地分析了不同角色与遗产价值之间的联系,探讨了他们对遗产价值所产生的积极影响或消极影响,从而为其"量体裁衣",制定了有针对性的保护措施与保护方法。从上述实例可以看出,在我国的保护实践发展中,虽然并没有具体地指出"人"这样一个明确的概念或定义,但是"人"作为遗产保护的重要一部分,已经深刻地影响了一批我国现代的遗产保护研究人员以及他们所提出的各类保护建议。

(四)社会前提

在近现代世界东西方文化不断融合发展的大背景下,现代工业城市文明与传统农业文化却没能做到很好的衔接与融合。习近平总书记在中央城镇化工作会议上提出"让城市融入大自然,让居民望得见山、看得见水、记得住乡愁"等一系列重要讲话,无不表现出习近平总书记对于乡村城镇化建设的期望,也明确了保护传统村落是城镇化进程中一个必不可少的重要课题[43]。在积极稳步地推进城镇化的同时,保护自然环境和历史风貌,尤其是保护那些传承历史、文化、地方与民族特色的村落是十分必要的。中国的文化遗产很多都静静地矗立在乡村之中,而许多非物质文化遗产的根也留在了乡村。当这些宝贵的遗产随着传承人失去生存的环境时,很快会消失殆尽。乡村的传统文化需要后继有人,不止如此,人也需要文化认同所给予的归属感,否则村民们所生活着的村落最后只能成为一座"空巢"。

2017年,习近平总书记首次提出"实施乡村振兴战略","建立健全城乡融合发展体制机制和政策体系"。依照国家旅游局与诸多部门共同制定的《乡村旅游扶贫工程行动方案》,具备发展乡村旅游条件的贫困村落共有22 600个,其中,230万贫困户均已建档立卡,此外,国家还计划对深度贫困的每年进行多方面扶持,如创业、人员储备、金融发展等。旅游扶贫项目资金的投入不少于3 000亿元人民币,以当今时代的发展要求,政府将依照国家策略振兴乡村,并在落实乡村扶贫工程中旅游项目的同时，进一步加强对传统村落的保护。

二、生存价值的定义

总的来说，根据已有的法律、条约、相关文章，文化遗产及非物质文化遗产所具有的价值可以概括为历史价值、艺术价值、科学价值、情感价值、经济价值、社会价值、使用价值、生态价值及环境价值。在文化遗产及非物质文化遗产的保护和传承方面，"生存价值"一词尚且没有得到充分的关注和研究。基于此，本书对张家塔村的"生存价值"进行了以下定义：

生存价值，指传统村落和人所共同构成的综合体中，物质与非物质成分按照其自身发展的规律，并结合外部环境影响，所形成的其特有的存在意义。

在本书中，张家塔村生存价值的完整体系由物质遗存、原住民、生存方式、文化心态以及发展活力五项主体要素构成，任一主体要素都具有十分重要的意义，一旦发生变化，都会导致传统村落的生存价值发生改变或受到破坏。

三、生存价值的构成要素及意义

传统村落生存价值的提出，肯定了其存在的意义，更好地将传统村落与一般村落、历史文化名村相区别，从而更好地对其进行保护和发展。

谈到传统村落的生存价值，就是评估传统村落的价值。传统村落的存在与否，对于当地的文化、经济、社会环境都有着极其重要的影响，生存价值中的原住民因素，是整个社会物质与非物质的创造与传承主体；其中的物质遗存因素，是古代社会和现代社会生产、生活的前提，也是产物；传统的生存方式、文化心态因素，突出地将其与一般村落相区别，是现代社会精神文明的重要基础；发展活力因素，通过传统村落中的物质与非物质在当代及未来的延续性和创造力，体现其存在的意义。探讨传统村落的生存价值，无论从农业文化遗产保护或文化景观保护的角度来说，还是从文化传承、经济发展的角度来说，都具有一定的意义，是对附加在其生存价值上的如经济、文化、艺术、生态等价值的进一步明确。

（一）原住民因素

专家乔晓光曾说："文化传承的关键在人，文化的兴衰也往往依靠拥有该种文化的活的传承人。"[4] 当传统村落一切价值的创造和传承主体消失，则其所蕴含的底蕴和存在的意义在活态传承中也缺失了真实性和完整性，甚至沦为旅游利用的附属品。同时要注意的是，保证传统村落中原住民能够不断地从保护和发展工作中获得效益也十分重要，在物质生活的保证下，本地居民才能够更好地作为活态传承的主体，将传统村落的保护工作进行下去，令传统村落真正地生存和延续下去。

抽离原住民后的文化遗产和非物质文化遗产，其生存方式和文化心态都不再具有原真性，典型的案例有以浙江省乌镇为代表的水乡古镇。

随着国内旅游产业的蒸蒸日上，人们逐渐厌倦了古镇的商业化氛围和旅游产品的千篇一律。虽然大部分游客对类似乌镇的江南水乡古镇的整体感觉很好，但古镇也容易陷入缺乏特色的境地。当下，古镇游项目越来越多，与乌镇齐名的周庄、同里，也是古镇游的大热之选。但是，这些古镇的商业模式、旅游产品等近乎相同，而没有其特殊的文化内涵，这样的情况让慕名而来的旅游者不免失望。更为严重的是，在乌镇的整个东栅景区的一期开发过程中，开发者曾将部分东栅居民搬出其世代居住的祖屋，这一行为引起了当地居民的强烈不满。此外，乌镇的旅游开发也给当地百姓的生活起居造成了影响。比如从前临街的人家会在自家门口晾晒衣物，但乌镇被开发后，为不影响古镇形象，白天就不能再从事此类活动，临街人家也不能在自家门口有任何商业行为。这一控制严重影响了原住民原有的生存方式，这不仅使游客在游览时无法体会到当地人真实的生活氛围，也让乌镇彻底丧失了原住民生活的气息。随着大量游客与外来人口的涌入，当地真正的原始生活状态已经逐渐消失，乌镇原有的生存价值在传承中受到了打击。

在传统村落中，必须使本地居民在生存和保护工作中始终占有主体地位，成为整个系统中最重要的部分。我们在对传统村落进行活态传承的同时，更重要的是考虑人在这片传统的土壤中如何生存和发展，因此让本地居民了解到传统村落的价值并参与到保护工作中，并从中得到精神世界和物质环境的丰富和改善，这是活态传承手段对传统村落生存价值进行保护的关键。

（二）物质遗存因素

物质遗存因素应当包含传统村落的自然环境和人工环境，自然环境具体包括村落的地形地貌、气候、土壤、水文、植被、矿产等，人工环境则包括建筑、道路、村落景观等，其本身就具有各方面的价值。此外，还应包括物质遗存所蕴含的非物质因素，这种做法是源于许多保护工作在处理非物质文化遗产时，没有将非物质的部分与其物质载体进行完整的保护，从而没有达到很好的保护效果和延续的目的。

以张家塔村为例。方山县文物旅游局于2008年5月提出"方山县明清民俗建筑张家塔民居旅游开发项目建议书"；此后，又于2017年9月发布招商启示，并提出了项目的发展思路。在这两份文件中，笔者认为"修缮36院民宅，对保存尚好的进行装修粉饰，对损坏严重的进行完善复原""建设中国最完善的民间城堡"以及"打造民间古村落博览、古农事休闲、古民宿度假、建设特色的马车驿站"等论断，对张家塔村的物质遗存的整体风貌进行了建设性破坏。事实上，文化遗产的保护工作不是一次性的、静态的，而应该是一个不断更新、不断变化的动态保护过程，在保护中不断优化、不断改进，不能简简单单的进行一次性的改造并不切实际地认为可以受益一生。同时，动态的改善也有标准来加以要求，要以不破坏原有的环境系统为前提，进行合理的改善。在对原有建筑的修复和改建中，应力求不破坏其原有风貌。因此，在传统村落内直接修建新的旅游设施并不是一个好的选择，很可能会对原有的村落景观与格局产生不可逆转的不利影响。笔者主张，游客体验只能在专属的地域里面进行，尤其反对以实现游客在村内"穿越"为目的的全部翻新与改造。

（三）生存方式因素

生存方式因素主要体现在当地居民的生产、生活方式上，例如饮食、语言、民俗形式、宗教或宗族的礼仪规范等。生存方式是区别不同村落及其传统的重要标准，是能够体现传统村落个性的重要因素。

不同的生活方式，往往能够带来不同的文化心态和价值。例如，在张家塔村的原始生活中，大家族式的生活方式创造了村落共同体，从而使传统村落具有生活价值，在文化心态上，人们对家族、血缘关系相比其他村落，也更具有强烈的认同感和归属感，家风、族训等作为文化心态的一种载体，同时具有一定的道德教化价值。

民俗文化作为传统村落生存方式的重要表现形式，与村落中的物质遗存也有着一脉相承的联系。物质遗存中的空间肌理、建筑形态风貌，都直接受到生存方式的影响。在现代化加速发展、旅游业时刻面临过度开发的今天，传统村落的空间肌理、文化脉络都随生存方式的改变发生着变化，而由此带来的文化心态的改变，甚至文化危机，都是需要得到重视的。许多传统村落本身具备良好的资源环境，却因为过度改变了原始的生活方式，造成了生存价值的折损。

仍就张家塔村的开发项目来说，关于"禁用现代物品，恢复古香古色的整体氛围"以及开发"传统美食街、赵氏风云演绎中心"的内容就令笔者感到担忧。张家塔村现有的管理者与规划者在对文化遗产进行开发性保护时，尽管已经开始提出对文化特色的重视，强调保住其特有的乡土文化，但在现实的保护和继承上，却将古朴的民俗文化及庄重的宗教仪式通过商业性、流水化包装的表演形式，形成貌似沾边其实无关的表演，使其原有的文化价值被商业价值所左右，不仅令游客无法获得真实的体验，也使得原住民为了迎合游客丧失了原有的生存方式，降低了对自身文化的尊重与理解。所以，文化遗产的保护与利用需要不断吸收各类优秀人才，遗产管理与规划设计人员素质与水平也亟待提高。

（四）文化心态因素

传统村落的核心在于"传统"二字，而"传统"不应只是单纯地回顾过去。传统村落中本地居民的社会结构、风俗文化，甚至心灵归属，在延续过程中是否保持完好并得到了适应时代的发展，也是对其生存价值进行活态传承中的关键一环。

传统村落中的原住民对待其所处社会中物质与非物质遗产的态度，很大程度上影响了传统村落的生存价值。世世代代生长于斯的社会成员们，对村落形成的情感依赖，甚至通过祠堂和祖坟等物质形式强调的灵魂归属感，在活态保护和传承中都具有十分重要的价值。

像张家塔村这样以宗族为纽带的传统村落，"家庭是由家庭成员、家庭财产、家庭牲畜、家庭声誉、家庭传统和家庭神祇构成的复杂组织。家庭应包括还未出生的后代和早已死去的祖先"[44]。

（五）发展活力因素

发展活力意味着是否有发展的可能，体现了传统村落在时空中的动态变化，以及生存价值对附加在自身的其他价值和周围环境的影响性。

发展活力即传统村落中物质与非物质的再创造性。现代的传统村落与城市中的许多物质遗产不同，它并不仅仅是某地区某民族最原始的物质遗存，而是作为聚居类型的一种，仍在使用中，是动态发展着的。它不同于"文保单位"，而是"社会构成最基层的单位，是农村社区"[45]。作为发展中的产物，时空的变幻，或时空中使用它的人所产生的生存方式或心态的变化，如自然环境的改变、人口的变动、居住空间的改造、居住理念的更迭等，都将使传统村落不仅作为文化遗产，更作为生活场所而经历动态的适应过程，从而形成新的传统。

传统村落缺少新元素的引入，则会造成整体氛围的停滞，从而造成文化遗产生存价值的部分缺失。全都完整保留传统，而不进行批判性地继承和发展，既不符合社会发展的需要，也对其他要素的保护形成了威胁。

以河北省井陉县于家乡石头村为例。村落位于山峦之中，内有六街七巷十八胡同十二夹道，高低纵横。近年来，石头村先后获得"省级重点文物保护单位""中国民俗文化村""石家庄首批生态文明村"等称号。

虽然村落采取了保存原住民的形式，但是在保护模式和旅游模式上采取了相对传统的手段，造成参观与服务规模较小、基础设施相对落后、整体投入不足等问题，以至外来游客丧失了旅游兴趣，本地居民生活也没有得到提高。

石头村所做的设施建设，远远不如在其他中国著名游览胜地所做出的有关建设。石头村对古色古香的历史建筑的宣传尤为缺失；集体排污、垃圾收集与分类等至关重要的基础设施缺失；哪怕是石头村最著名、最具特色的石博物馆，也仍然使用着老旧的白炽灯泡等非常陈旧的照明设施，完全无法呈现石头制品所产生的独特色彩与形态。同时，从事农家乐的居民也无法从旅游业的相关工作中保证经济来源，平时还需要从事农业生产或者外出打工，以至于对村落保护和发展不感兴趣。而最能吸引游客前来旅游观光的本应是当地氛围浓厚的原生态乡土文化、韵味悠长的民俗历史、朴实忠厚的民风，在这种情况下，如果不能有效地调动村民参与传统村落保护与发展的热情，提高他们对乡村建设的积极性，未来一定会对乡村本身产生不利的影响。

在这一点上，乌镇采取了注入新文化的发展模式。在新模式的探索上，乌镇通过"小镇+戏剧节"的模式，提升景区的文化品位，激发了古镇的文化创造力。乌镇在发展全新的文化村镇时，将文化复兴、培养人才、促进交流、陶冶情操作为新的追求，为戏剧表演者和爱好者提供了古镇观光游览的新选择，与此同时，也为乌镇注入了新的文化内涵。借助戏剧的新文化魅力，人们走进乌镇、了解乌镇，给了乌镇以生机、商机，使其在众多江南古镇中独领风骚，获取更多的途径去保护原有的部分历史文化价值。

另一个比较有代表性的例子是江西省黟县宏村镇塔川村。塔川村的民居从选址、布局到造型、装饰都集中体现了徽派建筑受当地地形条件、风水脉络、文化志趣的影响，虽然不似宏村隆重盛大却贵在与自然环境绝美融合，然而真正令塔川村能够在黟县众多秀美山村中独树一帜，则源于其每年11月左右所迎来的绝美的秋景和络绎不绝的来客，更有人评价其为"中国最美三大秋景"之一，是众多艺术家和摄影爱好者的创作天堂。

同乌镇戏剧节类似的是，创办于2006年的中国黟县摄影大展每年11月在塔川村举行，近些年已经成长为国内具有一定影响力的文化活动。作为一种以原生态传统民居、徽派文化为对象，以大众休闲旅游、文化体验、审美创作作为形式的乡村旅游模式，塔川摄影节促使当地保留了原生态的乡村风貌，同时还激发了一系列反映中国传统村落自然环境、人文景观、文化积淀的艺术作品，通过对原有旅游资源的整合和发展，不仅对当地原真性和完整性实现了一定的保护,还带动了村落文化和经济的发展,提升了当地的生存价值。

第二节　张家塔村的生存价值研究

本节着重探讨张家塔村的生存价值,从原住民、物质遗存、生存方式、文化心态、发展活力五种因素多角度展示张家塔村的生存价值。

张家塔村作为当地典型的传统村落,因原住民的人文历史、社会结构等,村落所具有的自然环境、人工环境、物质遗存中的建筑文化等,生存方式上的个性特征、宗族传统、民俗风情,文化心态上对村落的认同和心灵归属等,以及以上物质与非物质的所共同具有的再创造性活力和发展的可能,而具有一定的生存价值,值得人们保护与传承。

也许有人会说:"像张家塔村这样的古村落已与现代社会脱节,根本无法适应现代人居住。"但是,人们往往忽略了一点,居住形态的形成是一个漫长的人文历史发展过程,一种生活形态的形成、成熟,有其内在的合理性与必然性。总的来说,人与自然和社会的关系,包括家庭观念、人的文化心态与历史建筑的契合等,都是当地居民在不断地与变化发展着的自然界及其社会文化环境相互交融、相互妥协的基础上,在人类历史上动态发展着的。

一、原住民因素

原住民因素具有历史传承性及当代独特性。

（一）原住民的历史传承性

原住民的历史传承性着重体现在其历史沿革和宗族延续两方面。

历史沿革方面主要参考了赵世考先生撰写的《张家塔民居考》。

1. 历史沿革

（1）始祖。

元朝末年,战争连绵,山西表里山河地势优越,东有太行山座挡,西有黄河隔绝,因而山西战乱较少,经济一度繁荣,人口比较稠密,为明初向外移民奠定了基础。正在这安定局势之时,徐达、常遇春进攻山西,与扩廓帖木儿展开战争,到明王朝建立后,皇上认为山西人助逆抗命,迁怒报复。当时临县田野荒芜、景象萧条、十室九空、人稀地阔,赵氏始祖赵文利随着潮流,从陕西动身,路经交通要道洪洞,在这块移民外迁的集散地,得知临县需要大量的移民来充实,于洪武年间来到临县东南,现在的车赶乡赵家塔村。

当时的赵家塔荒山一片,没有人烟,由始祖赵文利开垦荒地,建造房屋,繁衍生息,造就了临县赵氏宗族,也造就了赵家塔,村之名由此而始。不久"洪武统一",为了有效地控制管理民众,稳定社会秩序,皇上实行了里、甲户籍的管理制度,规定1里为110户,其中挑选有威望、较富裕的10户人家,每年在这10户人家中选出1户来当里长,轮流执政,其余100户每10户为1甲,其中1户当甲长,还要在每户门前插一块木牌,上面写清户主姓名及治安条款(相当于现在的村规民约)。赵文利属于临县保安里安业都十甲,为名门望族。赵氏宗族至今一直用这个都甲户口。

（2）传世。

始祖赵文利单传二世讳继祖,继祖生三子叫赵本、赵海、赵谅,为三世。赵本生两子叫赵子英、赵子威,为四世,长子赵子英在堡上村居住为堡支。赵谅的长子赵子春在钟底村居住为钟支支祖。赵本的次子赵子威在临县县城任明朝义官——总老人。总老人是明朝的一种基层官制,其职责是协调、监督民众,传达官府命令,调解纠纷,化解矛盾,阻止赌博、打架、闹事等一系列治安之事。赵子威在城里任职并居住为城支支祖,共分三个支裔,伯叔弟兄共五人,另两人之后裔各奔他乡,另立家谱。张家塔属城支,这就是本族分支列宗,设谱记述,传承序事之开端。

四世赵子威生四子,名赵通、赵达、赵逵、赵安。张家塔属赵逵之后裔。五世三门逵,明礼官于沈王府引礼,艰于嗣,69岁生一子叫赵精。六世赵精,字一齐,积谷数窝,家兴财丰。明朝万历年间遭大旱灾,他将积蓄的钱、粮捐献赈饥。这种豁达大度、慷慨解囊的精神受到官府的表彰，于万历三十年诰封其文林郎。众赞曰："慈善积德施舍之报也。"赵精生三子：赵承基、赵承流、赵承宣。赵承基任西城兵马指挥司副指挥，后升任为南城正指挥，诰封承德郎，其坟墓在临县赵家塔村东，四面土筑围墙，中有大门，两边石狮把门，内有石人、石马、石雕兵器等排列两旁。因此，后人称它为"兵马寺"和"狮子坟"。

七世二门赵承流（约1530—？），太学生，妻刘氏。他是张家塔分支的支祖，因此，赵家塔的传世宗族家谱，至他已终止。民国初年，由赵秋桂先生用红布制作的张家塔家谱，被日军掠走，从张家塔至寺圪垯一路用刺刀割成条幅扔完（作为路标）。第二次重新修编的详细家谱，因避政治运动不知去向。现在新编的家谱以赵家塔家谱为依据，结合本村几座墓碑做参考寻绎而成，所以先祖的名讳不全，生卒不详，只能写直系的名讳和"约"字年代。

赵承流生四子，其次子赵陶（约1550—？），贡生，任浙江省黄岩县县丞。赵陶生长子赵拱辰。九世赵拱辰是张家塔创始人赵山之父。赵山兄弟几人无据可查。

（3）定居。

顺治年间，由于人口不断扩充发展，赵家塔房少人多，无法生存，十世赵山离开赵家塔，携带家眷于1664年迁徙郝家塬，生两子。长子赵士康（1669—1732年），字引肩，武进士，任候选教谕，他的碑文由清代北才、乾隆丁巳进士赵中元（1702—1750年）撰写，1737年任浙江即用知县，碑文的落款自称堂弟，可以证明赵中元之父是赵山的胞弟。赵士康生四子八孙，嫌郝家塬穷山恶水不利于发展，迁往车赶、桃塔一带。之后，赵山和次子赵用康也相继离开郝家塬，来到张家塔。故有一句传说："先有郝家塬（白家局），后有张家塔。"

十世赵山与次子赵用康来张家塔后，首先在村中挖了土窑洞两孔，后来赵用康生下长子赵豫后，祖孙三代拓荒种地，艰辛备至，节衣缩食，积铢累寸，由穷变富。

十二世赵豫，字介石，生于康熙四十三年（1704年），卒于乾隆四十七年（1782年），府学廪生。19岁入府，经史满架，册简盈几，搜罗及遍，最喜评点大全摘要，推究性理，检阅古今大家文士，有友谊十数人，悔子学医。从他开始创村立社，因当时经济拮据，只是多修了些土窑洞。据传，村之东南方，地名叫仁家坡，在这山巅社寨里有家张姓人家，为了不忘祖籍——赵家塔，就用这户张姓之姓，一姓之别，一溪之隔，定名为张家塔。

赵豫生四子。长子赵实之，字裕初，生于雍正二年，卒于嘉庆八年，即1724—1803年，在下街井沟壕和西侧院土窑洞居住。为下街谱也为张家塔老四大门之大门。这谱族人在村至今仅有三大户，余者分布在吕梁各地。

次子赵肫之，字一初，生于雍正九年，卒于嘉庆二十年，即1731—1815年，幼学儒业未获见树，身亲稼穑，艰苦备至，以农为主，兼学别样。生三子，其长子赵贯，入泮（文秀才）；次子赵应，与先辈农耕简居，其后裔文人脱颖而出；三子赵鳌，有一子，子无后，是清代的一位传奇人物，其遗骨受家族规戒拒入祖茔。

传闻：村里有一外姓小伙子，平时好逸恶劳，每天寻花问柳，村里人对他深恶痛绝，一天他在桑树下乘凉，赵鳌拿斧将其砍死，之后几个弟兄为其跑了事，官府下来为其圆说："赵老应把斧塞牢，你看误伤人命，该当何罪？"他说："我是专门砍死他。"话毕，当即逮他服役。后被减刑归故里。后人念其为民除害，秉性刚毅，给他起了个绰号叫作"斧子老汉"。

老二门在上街居住，连续11院都是土窑洞，生息繁衍数百人，直至现在，文人辈出，前途无量，分别在各条战线上工作，才干过人，精明过人，中华人民共和国成立后本村的历任村干部都出自本谱族人之中。郝家塬的赵氏居民都属本族主流。

三子赵省之，字诚身，自幼读书，不求甚解，以持身修德，处世立功之抱负，然而，不及而立，溘然长辞，无嗣。将他葬于村边对面，以便族人为其上坟祭祀。

四子赵睿之（约1740—？），唯其别于兄长，秉承其父酷爱文学，研读史经，博览群书，勤学苦练，学有成就。乾隆年间太学生，堂号为德厚堂，在村中居住叫中街，张家塔的民居建筑群始于其祖。他生两子，长子叫赵敏，次子叫赵勉，弟兄俩分两堂，长子为明德堂，次子为敦厚堂。

十四世赵敏,生四子:赵敦孝、赵敦友、赵敦义、赵敦临。从此,分成新四大门。

赵勉生一子叫赵敦仁,赵敦仁生三子,长子赵旭,次子赵晟,三子赵明。弟兄三人又形成了三大门。

(4)兴衰。

张家塔村始祖赵山,本无功无禄,是一名落魄秀才,但在张家塔村这块风水宝地之上,博览群书,教子有方,最终使赵家凭借耕种劳作、收租售粮、收息牟利等手腕,逐渐家资丰盈,人丁兴旺。张家塔村的鼎盛从十三世赵睿之开始,十四世赵敏、赵勉2人,十五世赵敦仁等兄弟5人,十六世赵旭、赵春等13人,十七世赵宫桂、赵廷桂等两堂共42人,这五世共63人,勤俭节约,励精图治,铸就辉煌。在此期间,赵氏家族飞黄腾达,生意兴隆,店铺一度辐射至京、津、陕、宁等地。

1937年后,由于日军对张家塔村的多次侵略以及国内战事等因素,加之家族内部出现了一些不肖子孙,张家塔村开始走向衰落。土地改革时期,当地违背党的政策,对张家塔村采取"挖底财"等"左"的做法和严厉的斗争方式,将地主的全部土地和房屋财产悉数充公,即便是作为赵家的顶梁柱的明德堂和敦厚堂,也告别了鼎盛兴旺的时代,一败涂地。

当地的红色印记,如图2-1所示。

(5)命名。

关于张家塔村的命名说法不一,一说当时此地原有一户张姓人家,见赵家人多势众,恐怕日后对其不利,一夜之间悄然离去,不知所终。赵氏因心怀愧疚与纪念之情,又感念先祖故居赵家塔村,就将新村名为张家塔村。另有史称,这里原名"张家塌",意味着张家破损倒塌,迁走他乡,也使这段口述历史从侧面得到了印证。

约17世纪初,本村居张姓人家,因居之不兴,远走

图2-1 当地的红色印记

他乡，所住过的土窑洞风侵雨蚀，破损倒塌。

现居张家塔赵姓之始迁祖赵山，是一位精通《周易》的堪舆先生。他认为此处利于定居。而原先张姓居之不景气，是因为他们不懂风水学。他首先（在现村中央即祖宅脑畔上十字路口）修一砖瓦结构的过街照屏（现仍存），长六尺五（约2.17米），宽一尺五（0.5米），高八尺五（约2.83米），墙身用老式青砖而筑，墙顶两角有兽，中间有脊，水分前后，顺瓦而下，下面埋有镇村之物。据说有避凶挡煞、制妖降魔之作用，还有迎吉趋祥、凝瑞增辉之功能。果然赵姓居之，日益兴盛，长发其祥。

赵姓祖籍赵家塔，而这里取名"张家塌"（古人对姓氏很讲究，"宁愿要了命，不愿改了姓"，村名也是这样，何况赵姓当时是名门望族，决不会轻易把"赵"字改为"张"字，而叫张家塔），其用意有二：其一，是对张姓的追念与尊重，让后人知道这里起始是张姓进户立村的。其二，张家塌暗喻原来张家已衰败，而赵家将开始兴盛。有破旧立新、推陈出新之用意。

中华人民共和国成立后，政府把张家塌改为张家塔。

2. 宗族延续

张家塔村是典型的以血缘为纽带形成的宗族聚落，此地赵姓居民约占八成，2013年由张家塔村编辑出版《赵氏宗谱》，详细记载了家族历史。

从张家塔村赵氏一族所留下的宝贵遗产中我们能够看出，这些内容升华了村落本身的意义，从而赋予它一种生命感、责任感和使命感。宗族文化加强了村民对村落的亲切感和认同感，透过时空，使后人的精神得到陶冶和鼓舞。

透过赵氏宗族文化，我们可以一窥中国宗祠文化。微观地说，宗族文化就是家庭文化；宏观来讲，宗族文化即民族文化。祠堂作为宗族文化的物质承载，所具备的尊崇先德、教养后人、增强凝聚力、向心力的作用，与建设和谐社会的意义一脉相承。祠堂中的祖训族规，先贤逸事，也为后人留下了宝贵的精神寄托与智慧宝藏。此外，赵氏宗祠极大地反映了黄土高原之上，传统封闭的张家塔村历经百年之后的乡风民俗和建筑特色，实属难得的物质文化遗存。

（二）原住民的当代独特性

1. 人口现状

笔者于2017年秋季对张家塔村支部书记进行了采访，了解到目前全村共有332户，拥有人口1 038人，劳动力人口约120人，其中党员38人。

共有11姓，其中赵姓约600人，张姓、刘姓、郝姓、杜姓、牛姓、康姓、李姓、薛姓、段姓、马姓每姓3~50人不等。赵姓是世居，除了进入现代社会以后迁来的两户人家，其他姓氏均为古时给本村赵姓财主打工的农民，在土地改革时期定居落户于此。

目前因学校停办、就业机会缺失，致使青壮年大多外出打工求学，从而迁居或暂住他乡，只在冬闲或春节才回到张家塔村与留守亲人团聚，造成了原住民的流失，此外，村内现以300名留守老人为主，人口老龄化严重。

本地原住民，如图2-2所示。

图2-2　本地原住民

2. 经济现状

张家塔村人口以务农为主，少数人外出务工，也有一部分劳动力到附近的新星煤矿打工，人均收入为3 000元左右。全村共有耕地1 581亩，其中核桃为1 200亩，近年来核桃已成为张家塔村的主要经济收入之一。

目前的农作物主要有玉米、谷子、马铃薯、黄豆、蓖麻、葵花等，较有特色的农产品为核桃、枣、小米。目前销售渠道比较单一，主要为自售。

目前村内的林木以苹果树、核桃树、梨树、红枣树、李子树、杏树为主，刚刚到期并重新开展承包，村民收益不大。

当地居民院内堆积着收割的玉米，价值约 2 000 元人民币，如图 2-3 所示。

3. 发展需求

中华人民共和国成立前，张家塔村的文化教育依靠的是财主家兴办的私塾。土地改革后，政府针对一至四年级学生开办了张家塔小学（1947 年开办），针对青年、妇女开办了"扫盲识字"班（只在 1952 年间歇性开办）和张家塔农业中学（只在 1957 年和 1966 年各开办一届）。1960 年后，张家塔村在庙上成立了完整的小学。1970 年，张家塔村成立七年制学校，后于 1981 年改为八年制；改革开放前期，张家塔村还曾出现过一届张家塔高中；1983 年，八年制学校重新拆分为小学和初中，初中搬迁至新学校后于 2003 年撤并，小学则于 2004 年搬迁到初中位置设为寄宿制小学，在 2013 年撤并到横泉。目前村内人口的教育程度多以初中文化为主，教育水平有待提升。

当地的学龄前儿童，如图 2-4 所示。

根据村民口述，张家塔村的医疗卫生在 1954 年前主要由当地名医赵芬桂承担，1987 年前由村民赵瀛承担。1987 年和 2007 年，张家塔村分别建起了两座村卫生所。但是在对村民进行采访时得知，村卫生所的医疗能力十分有限，除了感冒以外的其他疾病，大多不能给予及时的治疗，此外村民购药时的医保报销程序也存在问题，尚且没有得到很好的解决。

当地的老龄化严重，医疗设施落后，如图 2-5 所示。

通过实地调研和对村民采访得知，村内基础设施建设

图 2-3　当地居民院内堆积着收割的玉米，价值约 2 000 元人民币

图 2-4 当地的学龄前儿童

图 2-5 当地老龄化严重,医疗设施落后

十分落后,近十年内才刚刚开始了自来水供水工程和路灯的建设,田间小路经常受暴雨冲刷造成毁坏,水管老化严重,供水条件差,同时影响附近村民房屋,村内希望解决,却缺少资金。

村民普遍看好乡村旅游,希望通过旅游带动当地的基础设施建设,修复古建筑,增加收入。然而,来进行考察的企业、团体不在少数,但是真正想要投资修建的人寥寥无几。村内推测为投资大、交通落后等原因。

二、物质遗存因素

(一)概述

物质遗存因素以张家塔村的自然环境和人工环境为主要研究对象。

张家塔村的原始风貌,如图 2-6 所示。张家塔村民居建筑俯瞰,如图 2-7 所示。

从我国山西省吕梁市方山县是城向西南的山部地区行驶 20 多公里,就来到了张家塔村,隔壁是临县湍水头镇和车赶乡。这里虽然位于乡村公路的中心站,又由土张公路与 209 国道相连,但地处山沟之中,路况复杂,交通多有不便,公共交通每日仅有一班车往返其间。

海拔 1 100 米的黄土高原上,坐北向南的张家塔村具有典型的山区地貌特征。地形起伏很大,坡度陡峻,沟谷幽深,脉状分布。山地上分布着并不丰富的 1 400 亩耕地资源,占现有土地的六成左右。

张家塔村地处湫水河支流,只有夏秋季节水源较为丰沛。其中,较为丰富的地下水资源主要分布于山下的河谷地区,历史上该村村民曾开凿 7 口大井,以供生活用水和灌溉农田。

张家塔村地处亚欧大陆,远离海洋,终年受大陆气团控制。因其温带大陆性气候四季分明,温差较大,冬季寒冷干燥,夏季炎热,有季节性暴雨。受大部分时间干旱少雨影响,该村植被以水土保持

第二章　张家塔村的生存价值研究　　021

图 2-6　张家塔村的原始风貌

图 2-7　张家塔村民居建筑俯瞰

经济林及耐旱的草本植物为主，如绣线菊、山杨、沙棘、黄刺梅等。

张家塔村周围分布着煤、铝、铁等矿产，其中煤炭资源较为丰富。早在道光年间，张家塔村的煤窑就通过人工开采并用"担担"背出矿井，并因此得名"担担窑"。然而随着煤炭的开采，经济的发展与环境的保护之间产生了较为尖锐的矛盾。

张家塔村民居建筑群坐落在平均海拔为1 110米的黄土高坡上，其坡底与坡顶建筑位置之间相差2.5米左右。该建筑群主要为砖木结构，坐北向南，其占地面积大约为77 468平方米。此建筑群原来共建造了36院房宅，4座护村城堡；堡墙大概有1 060米；使用1座3层木构楼阁（也被称为梦楼）作为护村警卫所；1座祠堂以及3座庙宇。张家塔村现残存29院建筑，包括510孔窑洞、175间瓦房、9副石碾石磨、21座大门以及长达2 215米的人工砌筑的明暗水道。现存建筑当中建造年代最早的是1704年（清代康熙四十三年），建造年代最晚的是1915年。

（二）公共建筑

张家塔村始祖赵山从赵家塔迁居郝家垴，在郝家垴建立了三个很小的神庙，他的五世孙赵敏和赵勉来张家塔后开始了大面积、大规模建设，从嘉庆元年起至同治四年（1796—1865年），四大城堡、庙宇、梦楼、祠堂的建筑依次告竣。

南门遗址，如图2-8所示。西门遗址，如图2-9所示。

图2-8　南门遗址

图 2-9 西门遗址

祠堂是张家塔村公共建筑中唯一的遗产,村民于 2014 年为祠堂修建墙垣围合。2016 年 7 月,笔者随北京理工大学考察团前往考察时,村内正在重建祠堂,描绘壁画。

翻新前的赵氏宗祠大门,如图 2-10 所示。

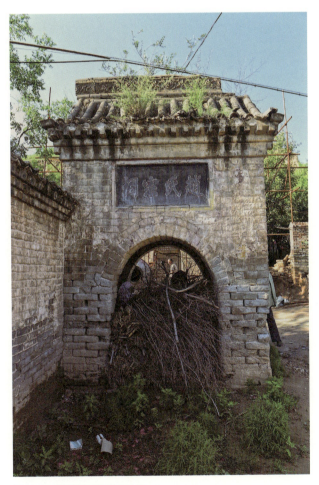

图 2-10 翻新前的赵氏宗祠大门

（三）民居建筑

张家塔村民居作为历史的产物，必然展现了张家塔村多年来政治、文化、社会的缩影，成了张家塔村的重要历史见证。同时，张家塔村民居因受到当地自然与社会环境的两方面影响，也体现了当地原住民的生活方式和文化心态。随着家族的兴衰，每一栋民居都有属于自己的故事、一段兴衰历史，其间同样蕴藏着深厚的文化底蕴，对后人来说有着极大的影响力和极其深厚的情感寄托。

多样的民居建筑，如图 2-11 所示。民居细部 1，如图 2-12 所示。民居细部 2，如图 2-13 所示。

图 2-11　多样的民居建筑

图 2-12　民居细部 1

图 2-13　民居细部 2

清康熙四十三年（1705 年）开始修筑建造的张家塔村民居建筑是该建筑群的鼎盛时期，历经 210 年，一直到 1915 年才建造完成。赵氏祖先四世孙赵睿育有二子：赵敏、赵勉。两人分两堂，分别是明德堂、敦厚堂。赵敏又育有四子，形成了新四大门，赵勉则形成三大门，至此两堂共有七门五代人。63 位财东开始耗费大量的人力、物力来修造张家塔村民居建筑群，给张家塔村创造了规模非常大的物质遗产和精神家园。

张家塔村传统民居是村内建筑的主要构成元素，各个宅院通过道路联系，构成了有机联系的整体。

（四）道路系统

道路系统既具备交通功能，也具备文化与社会功能。张家塔村内步行巷道主要以坡道为主，大部分的街巷借用了下层窑洞的窑顶，十分自由。

张家塔村的街巷可以大致分为三个等级：主街、次街、小巷。唯一的主街东西全长五百余米，最宽处六七米，最窄处不到一米。四条南北走向的次街与主街大致垂直。小巷联结各个院落，宽度则更加狭窄。张家塔村的道路系统极具特色，但路面多以泥土为主，且部分落差较大，考虑到当地的暴雨条件和居民的老龄化问题，道路系统继续修整。

为了关键时刻隐蔽抗敌、疏散撤离，除了修建防御设施以及沿村修筑城堡外，赵氏一族还通过挖建四通八达的暗道以贯通每家每户，这种营建增加了院落之间的联系，也加强了宗族之间的紧密程度。

小巷风景，如图 2-14 所示。民居内部的暗道，如图 2-15 所示。

图 2-14 小巷风景

图 2-15 民居内部的暗道

（五）排水系统

张家塔村中人工砌筑明暗水道长约 2 215 米，可大致分为窑顶到地面、院落到院外、村内向村外三个层次。三个层次相互承接，形成了张家塔村一套完备的排水体系，行走在张家塔村，会被其完善的排水系统所震撼，令人由衷佩服先人们的惊人智慧与创造力。

不幸的是，排水系统已经不复当年，老化、堵塞、渗漏等问题成为村内困扰居民、亟待解决的问题之一。

张家塔村的排水系统，如图 2-16 所示。张家塔村的排水细节，如图 2-17 所示。

图 2-16 张家塔村的排水系统

图 2-17 张家塔村的排水细节

(六) 墓葬群

张家塔村的墓地分不同的墓区，不同的之处在于墓地所在的位置：有一个远离聚落的居民区，位于村落北部的山丘上；另一个则紧邻居民区，位于聚落山地北部。而相同之处则在于两个墓区的排列都十分有序，且朝向一致，都朝向村子的方向，这也反映出了当地的民俗文化。

此外，先祖墓碑上的碑志与碑记详细记录了赵家的家族历史，已被详细收录于《赵氏宗谱》，其背后的石刻艺术也被收入国家"十二五"规划项目《三晋石刻大全》一书中。

村内的历史纪念碑，如图 2-18 所示。

(七) 村落景观

在张家塔村的南部，有三眼建于明代的古井。在吃水困难的古代，井口成为人们集会的一处重要场所，承载了村落的历史文脉。

堡门、寺庙、祠堂等标志性建筑也成为张家塔村内的景观节点。此外，村内民居建筑随地势而建，高低起伏，形成连续起伏的山墙，也使村落的景观更加丰富。

村内的石磨，如图 2-19 所示。

图 2-18 村内的历史纪念碑

张家塔村绝大多数的耕地都是将山间坡地进行改造之后所形成的小块梯田,以有效利用降水来灌溉田地,并且能够降低下暴雨时给山体造成的直接冲刷,这样的田地给张家塔村增添了一道非常独特的景观。

(八)建筑特征分析

1. 整体布局特点

从整体布局特征上来看,张家塔村整个民居建筑群结构完整,依山傍水。村落整体南北长约1 000米,东西宽约500米,基本院落又可进一步组合成中、大型院落,而院落与院落之间因地制宜,垂直叠加成为二层院落,高低错落,实用美观。

赵氏一族在村落选址和营造的过程中,汇集天时地利人和:天时,即深处大山之中,便于家族躲避战乱,开

图 2-19 村内的石磨

荒播种，休养生息；地利，即尽量利用地势条件，不仅将院落规划科学、整齐，更营造出了倒"福"字的村貌，既传达出传统村落向往的吉祥寓意，更宛如一幅中国地图，带有近现代意义；人和，即先民发挥集体智慧，考虑了自身的社会因素、经济能力及技术工艺，落实整体，目光高远，使民居之间看似高低错落，实则以暗道相互连通，宅通院，院通巷，南北上下四通八达，便于交往，利于战备，用于抗灾，连村内的取水、排水系统也是从上到下明暗交错，干支分明，户户连通——这样的做法，虽然耗费砖石，却历久弥新，至今仍然为张家塔村使用。

此外，在整体布局中，赵氏一族格外重视祠庙与学堂的建设，不仅将其设置在村落的核心区域，也注重日常的管理和修缮工作，体现了张家塔人的宗族观念与重文兴教的态度。

2. 街巷特点

从街巷特点上来看，因张家塔村所处黄土高原，受地势所限，街巷的尺度和走势都与平原地区不同。总体而言，张家塔村街巷西高东低，以树枝状的网络排布，节点多为"丁"字形，且相交的两条街巷大多不在同一高度上，形成了非常丰富的街巷空间。街巷两侧的建筑也不尽相同，其墙面材质、装饰、色彩精心安排后变幻无穷，令人惊喜。还有一些街巷栽种了少量的植被或树立了碑石，使道路景观更加多样化。

特别值得一提的是，随着子孙的兴盛和建筑的增加，街巷也进一步得到扩展，布局十分灵活，也由此变得更加富有层次，而街巷的宽窄则是以当地婚嫁抬轿、丧葬柩行为规矩的。由此可见，街巷的历史发展与赵氏家族的历史密不可分，其营造特点也深受当地风俗文化的影响。

道路全景，如图 2-20 所示。

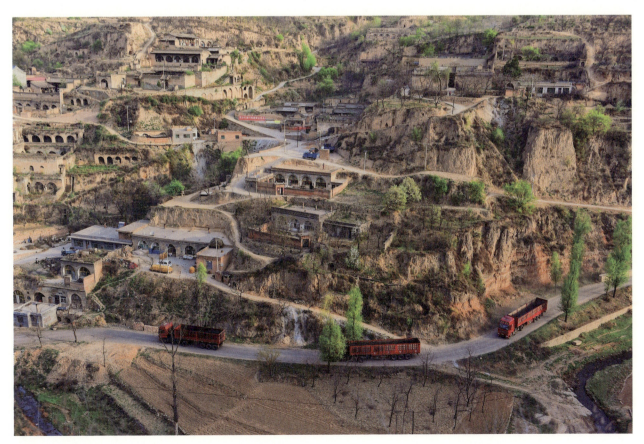

图 2-20 道路全景

3. 建筑特点

就建筑特征而言，张家塔村的建筑主要有两种比较大的形式：一种是依山而建的山西省内经常可见到的"靠崖窑"，另一种是使用砖木建造而成的"锢窑"。前者通常为院落内居民的正房所使用，后者则多为厢房。此外，还有一部分采用砖木结构建造而成的硬山顶砖瓦房，砖木结构的房屋经常为倒座。窑洞与砖木结构风格不一样，两种建筑结构既有单独出现的，也有互相结合并形成窑院式院落的，从而构建出了张家塔村独特的民居建筑群。

张家塔村的院落形式主要有四种：四合院、条子院、三合院、L 形院落。张家塔村位于黄土高原，地势很难保持平整，落差大，这使得其四合院都属于"口"字形的一进院落，不论是朝向还是形制都很难保持规整。"迎春第"等是张家塔村四合院的代表性院落。张家塔村内最为常见的院落形式主要是三合院，它又可划分成两种：一是"口"字形的三合院，主要由正房与两边的厢房共同组成，没有倒座，常常使用墙壁来代替倒座的一边，院落入口是在墙的中间开一大口所形成的，"锡福居"为其代表性院落。二是"匚"字形的三合院，由正房、一侧厢房（另一侧没有厢房）和倒座所构成，倒座中间往往是入口处，现存的代表性建筑是"西门六院"。四合院与三合院的上院一般都是"L"形院落，也就是在四合院或三合院的正房屋顶建造"一"字形窑洞，并在其下面的东厢房屋顶呈"L"形院落的院落空间。条子院也是建造于合院的上院部分，这一点与"L"形院落是一致的，区别在于条子院没有合院东厢房屋顶的院落空间。

张家塔民居院落形式，如图 2-21 所示。

图 2-21 张家塔民居院落形式

4. 建筑选材特点

在建筑选材方面,张家塔村居民依山而建,就地取材,黄土、木材和砖石成为他们普遍使用的建筑材料。黄土取材方便、造价低廉,还具有保温隔热的功能,当地的气候条件也很适合窑洞的建造。张家塔村的乔木资源是其木材的主要来源,门窗和檐廊等梁架结构都使用这一种木材,加工比较粗糙,规格并不一致。

5. 建筑功能特点

在建筑功能上,张家塔村建筑体现出强烈的防御性和私密性,同时观赏性与协调性并存。

赵氏祖先避于乱世御敌守村的理念在张家塔村里的选址与布局上得以充分体现:首先,村落利用城墙堡垒来围筑了一座"内城"。历史上,村民们将村落三面环绕的山坡充分利用起来,使其和村落南面又高又厚的城墙堡垒连接在一起,这一座堡墙长达千米,在较为重要的节点位置还修筑了堡门,让村落形成了一个非常严密并且灵活性较高的整体,这是张家塔村抵御外敌的首道屏障。其次,村落内的建筑物主要建造在山势崎岖的山坡上,具有居高临下之感,而非平坦的沟底土地上,这种建造方式不但能够避免建筑物遭受暴雨冲刷,天气寒冷时还能有阳光照射,另外,其抵御外敌的能力也大大提高,成了村落的第二道保护屏障。再次,院落之间暗道贯通,宅通院,院通巷,户与户相互连接,便于现实的交通与精神的交往,加强了张家塔村现实生活中的民居体系的防御性和居民精神世界的凝聚力,是村落的第三道保护。最后,张家塔村的祠堂和庙宇——观音庙、关公庙、龙王庙在选址时,都建在村内的核心地带,这些公共的祭祀空间,是村民心中最后的精神防御体系。由此而论,张家塔村建筑的私密性也主要体现在其内部的交往与沟通的功能之上,特别是上下院落之间,暗道与排水的营造,极大地增强了民居的封闭性和私密性。

此外,张家塔村建筑的观赏性与协调性则主要体现为其布局的整体性、形态的内在文化、装饰的美好寓意等,将在后文做进一步阐述。

6. 建造理念特点

在建造理念上,张家塔村建筑体现出因地制宜、整体考虑而不乏细节、内向性、等级性等特点。总的来说,建筑的营造受到了村落文化的重大影响,即"人"的影响,每一个细节都体现出张家塔村居民的文化心态、信仰构成,是其建筑遗存的核心价值。

(九)文物

赵氏家族繁衍生息20多代人,家学相承,文人辈出,进士、举人、拔贡、秀才、监生、廪生代代相承,学文练武,耕读传家,书香数百年,科甲蝉联,家无白丁,村风端正,民风淳朴,清代官府赠张家塔村"文明之村"荣誉牌匾是受之无愧的。

1. 门额及屏风

张家塔村每院的门额及屏风都有引人注目的文字,大多是砖、木雕刻而成的,室内几乎每家都有炕围壁画,这些壁画形式多样,各有特色,有人物画,有戏剧画,大门墙壁有山、林、花、鸟的速写,形象逼真、栩栩如生。各家宅院的砖雕、石狮(瓦烧)、石雕千姿百态,造诣非凡。民居家什大多木雕,图文并茂,别具一格,古代诗画、年画随处可见,美不胜收。

前面所介绍的建筑文物包括其中门额上的碑牌匾额,此外有各门宗族的堂名,经商的有各自的商号及其他行业的招牌,还有名人、友人、同行赠送的匾额,如"典型宛在""雁塔题名""药到病除"等。各家的大门、重门乃至屏风上的匾额比比皆是、琳琅满目。有关各家的堂名五花八门,具体分门别类地要反映出来,有待进一步考证。因为从两堂始以下每代都有堂名,三代加起来共六十个堂名,许多人不知道自家的堂名,这也不奇怪,因为祖先们没有流传下来,即使流传给后人,后人遗忘而被时代所"淘汰"。赵春长门为"聚德堂",廷桂堂名"聚元堂",培桂堂名"聚魁堂",树桂堂名"聚义堂",植桂堂名"聚庆堂""聚福堂",华桂堂名"聚泽堂"。

以下是张家塔民居古门匾文字及诠释(文字由赵玉润提供):

(1)育桂培兰(永郡拔贡李再镐书,条壕里前东院屏内)。

养志修身之意。桂花，友好、吉祥、胜利的象征，秋桂如金，代表收获，读书人士视为科举吉兆，暗喻"魁"。兰花，美好、崇高、坚贞的象征，纯正幽远，沁人肺腑的香味自古以来受人喜爱，也代表洁身自好的高尚品格。

（2）屏山带水（光绪辛丑，云峰书，条壕里前东院屏外）。

山像屏，水似带，形容风景秀丽。

（3）锡福居（光绪丙申，桐圃书，条壕里前西院大门额）。

"锡"同"赐"。赐予幸福的居室。

（4）酌史锄经（岁在辛丑桐月谷旦，李应禄书，条壕里前西院屏外）。

酌，反复、品味之意。史，指记载历史兴衰治乱、各种人物以及制度沿革等的历史书。经，经书，指儒学学说。锄经，古有"锄经堂"，也有"带经而锄"的故事。这里"酌史锄经"为联合式短语，意为对知识仔细品味，反复推敲，达到精益求精。

（5）艺苑蜚声（甲辰桃月立，庠生张仲旦书，三门巷东院大门额）。

有诗云："绿柳堤边逢列君，将衣染汁浥芬芳。从兹艺苑蜚声报，一举成名天下闻。"艺苑，文学艺术荟萃的地方，泛指文学艺术界。蜚声，意为"闻名于"。

（6）进德修业（光绪辛丑，赵无玷书，条壕里前西院屏内）。

进德，提高道德修养。修业，推广、扩大功业。出自《周易·乾》："子曰：君子进德修业，忠信，所以进德也，修辞立其诚，所以居业也。"用于勉励进步。

（7）行必履正（辛亥菊月，临川曹承邺书，圪垛上前院屏内）。

《古诗源》："行必履正，不怀侥幸。"《易经》："履，德之基也。"《周易正义》释曰："为德之时，必先践其礼，故履为初基也。"《周易折中》引陆九渊语云："履，德之基也。谓以行为德之基也。基，始也。德自行而进也，不行则德何由而积？"故："履"有小心行走之意，含有遵循礼制而行的意义，人若恪守履道，则可防范而不违礼，故为立德之基。

（8）我师卫荆（子弊李树鼎书，圪垛上前院屏外）。

师，效仿，学习，榜样。卫荆，指卫国大夫，是卫献公的儿子，名荆，字南楚，事见《论语》，子谓卫公子荆善居室（孔子评论他，善于居家理财）。始有，曰："苟合矣。"（刚开始，有一点，他说："差不多也就够了。"）少有，曰："苟完矣。"（稍为多一点，他说："差不多也就算完备了。"）富有，曰："苟美矣。"（更多一点时，他说："差不多算是完美了。"）

此门匾书于辛亥年（1911年）农历九月。还有一解释：荆指湖北，辛亥革命爆发于1911年10月10日（农历八月十九日），各省继相起义响应，形成了全国规模的革命运动。师，军队。卫，捍卫。

（9）耕读传家（圪垛上后院大门额和西门上第一院大门额）。

耕，指农业。读，指读书或教学。耕读指既从事农业劳动又读书或教学。前人注重农业，以食为天，倡导教育，推崇学而优则仕。

（10）敦厚家风（石州于大檀书，己卯冬，井沟壕大门额）。

敦厚：诚恳，忠厚。（这是于大檀为本村敦厚堂所书，从于大檀资料、书写时间：乾隆二十四年（1759年），以及建筑结构可认定此院是敦厚堂第一院，修建时间仅晚于本村祖宅。）

（11）福海寿山（戊寅秋日，岁进士李店文题，祖宅之西大门额）（梁顶上条子院大门额砖雕）。

"福如东海长流水，寿比南山不老松"的缩句。

（12）迎春第（光绪丙申，吴命新书，条壕里前东院大门额）。

第，住宅。取意于"向阳门第春常在，积善人家庆有余"。另外，迎春花为初春的使者，是生命、希望、活力的象征。有"迎春接福""迎春报喜"等吉祥语。

（13）典型宛在（杨际清书，祠堂旁东院内存放）。

典,标准,法则。典型,具有代表性的人物或事件。宛,仿佛,好像。

(14) 雁塔题名(原圪垯上前院大门额,后院内放置,现丢失)。

古代科举制度中,进士及第的代称。雁塔即大雁塔,在陕西西安的慈恩寺中,为唐玄奘所建。唐朝新中进士,均在大雁塔内题名。故以"雁塔题名"代称进士及第。

(15) 长发其祥(南门巷第一院砖雕大门额)。

长久发展成福庆吉祥的样子。源于乔迁吉语"大启而宇,长发其祥"。

(16) 凝瑞增辉(祖宅之东垂花大门额)。

凝,凝结,聚集。瑞,吉祥。增,增加,增添。辉,闪耀光彩。聚集祥瑞,增添光彩。也有"凝晖钟瑞""凝祥聚瑞"等说法。

(17) 福从恩赐(己酉,中院大门额)。

福,幸福。从,跟随,顺着。赐,赐予。恩者,仁也——《礼记·丧服四制》。"福从恩赐"即福从恩而赐。幸福随着仁德而赐予,也就是只要有仁德(上苍)就会赐予你幸福,强调做人首先要有良好的道德,"人做好事福自来"之意。

(18) 名昭图史(主人赵芬桂书,南门巷第二院屏内)。

名,名声、名誉。昭,显著。图,绘、画。史,历史。

2. 家什

张家塔赵氏先人大多是书香门第,且没有做过大官,因而没有特别稀罕珍贵的文物。然因族人喜好耕读,留下了极其宝贵的家族文化遗产,如家什、木器上的花鸟鱼虫、古诗、古词等文人墨宝,比较有收藏价值。

家什有明清两代的陶瓷:碗、碟、盘、瓶、盆,上有花鸟图样。圪垯上的一个盘上有诗:"错把工夫到处求,纵然求得晏生游。无心必有通天路,有足应须到上头。"中院木器有炕柜、圈口、举人用过的穿衣镜、壁画、小橱柜、清代板凳,条壕里有平面柜、八仙桌、织布机、太师椅、立柜、古箱、夹桌,普通人家都有古箱、立柜、板凳、炕桌、碗柜、春凳,这些家什大多油漆。像立柜外插板大多数为雕刻桐油。

有的人家保存的玉石、青铜器、银器、首饰,甚至银圆、铜圆、铜钱等贵重物品都属个人私藏。还有一些古代铜灶具有人保存,如笊篱、勺、匙、皿架床(抿尖)等。铜锅、铜盆、茶壶、烟袋、灯柱等有之,锡、银、铁制古董也有之,名人字画、诗词、古年画、古书籍、壁画更是户户都有,但是在"文革"期间将它们卷入垃圾堆里了。举人赵昕的半付执事有旗、锣、牌、棍(红油)轿,村民喜逢婚嫁之期都要借用,以示族人之荣耀。

家什上的文体有赵学艺家的橱柜面六扇,其中三扇上有隐约可见的诗,一首为教育家赵增禄题:"问路非行路,年年在户庭,果然行路客,问罢即登程。"第二首是:"融得性情上偏私,乃称真学问。消去家庭中嫌隙,便是大经纶。"第三首是:"平时见山中景,今日山中景见真。若惮登山千万苦,此生终是想山人。"后两首没落款,只有第一首落款是民国18年,印是增禄。增禄宅门窗框上有上联"淡泊中……",下联"宁静内自见雅怀"。由此证明赵氏家族对文化的酷爱和求学的渴望。

3. 牌坊

临县城中心原有四柱牌坊:一柱是青唐村王丕行为王氏所修;一柱是上西坡吴命新修;一柱是玉坪湾武状元(抱牛状元)张从龙为张氏所修;还有一柱是临县赵氏所修,由张家塔赵昕(举人)之子赵秋桂先生投资半数,由临县赵武殿(举人)、弟赵武曲二人投资半数,由赵秋桂撰文从始祖赵文祖开始排名,至民国初年修起,牌名全称为"赵氏世德芳"。四柱牌坊于20世纪60年代拆毁。

4. 商号

张家塔赵氏从19世纪50年代至20世纪30年代共80年到临县、三交、碛口、大武、圪洞峪口、离石、汾阳、陕西、宁夏、包头等地经商的星罗棋布。

张家塔赵氏家族的堂号共60个,因为祖先没有流传下来,大多被后人遗忘。知道的有:赵春长门"聚德堂",廷桂堂名"聚元堂",培桂堂名"聚魁堂",树桂堂名"聚义堂"，植桂堂名"聚庆堂""聚福堂""聚泽堂"等。商号分别为"隆盛店""永成羲""天益园""修德店""积鑫店""同茂店""积仁堂""永昌店""华丰银行""敦厚源"等。在此期间，相应地使张家塔的经济发展日趋激烈，各地店铺红极一时，这与张家塔村的文化发展是相辅相成的。上述店堂商号俱为租赁，唯独大武镇的"天乙园"（天益园）是赵敦孝自己所建的，旧址现在依然存在。

张家塔的财主不管是务农的、经商的，还是从艺的、当官的，每到一处都受人尊敬，虽然没有什么人发了大财，但是也没有落后于他人，他们的宗旨是：买卖公平、薄利多销、爱民如子、童叟无欺、文明经营、礼貌待人。做人的依据是：以德为先、与人为善、轻财重义、厚道处世。

5. 陪葬品

张家塔先祖的墓内都是用砖灰砌碹成地下小窑洞，墓内放有锡制的香炉烛台。至于墓内的贵重物品，如金银首饰、银洋、元宝、铜钱、大烟等，被盗墓者窃去了。

（十）物质遗存中的非物质因素

在本书中，将张家塔村的生存价值定义为以下五个方面，即原住民、物质遗存、生存方式、文化心态、发展活力，在对物质遗存因素进行分析时，也涉及张家塔村建筑所蕴含的以下非物质因素。

1. 建筑布局——风水文化

在风水文化中，"天人合一"的境界是最被推崇的，而张家塔村的建筑就十分符合这一特点，追求人与自然的相互调和。明清时期，张家塔人对于风水文化的理解达到了新的高度，他们通过几代人对地形、气候等因素的分析，创造出了一种自成体系的建筑模式，利用张家塔的自然环境，构建出属于自己的居所。风水文化讲求背山面水、负阴抱阳的选址条件，而张家塔的先人们由此出发营造了"枕山、环水、面屏"的局部封闭环境。

张家塔村民居建筑群在建造上体现出了多组阴阳对称关系。第一组阴阳对称关系是村内的建筑与院落之间构成了"外实内虚"的建筑风格。第二组阴阳对称关系，就空间组合来分析可以看到村内建筑是按照"门堂之制"来建设的，门屋与正堂于轴线主导下方根据一定的顺序排列着，另外再配上两厢，使门堂形成一主一次的关系。两个厢房呈现出东西相对的特征，这是第三组阴阳对称关系。门堂为南北方向，厢房为东西方向，以纵向为主，以横向为辅，如此便形成了第四组阴阳对称关系。张家塔村的居民建筑群正是利用了多组阴阳对称关系，才能让其居住者和自然条件之间的关系得以更好的调和，让房屋的日照、通风和保温等各种问题都能够有效解决，从而达到宜居的要求。

张家塔村的四座堡门也颇有讲究，综合了五行、方位、阴阳等诸多因素。南门位于张家塔村内最南部的高崖处，中间向南打通，因五行顺序称作"火门"。西门位于张家塔村西部，因张家塔村地势条件等原因，村内水流在西面汇合，故称"水门"。东门位于张家塔村的东部，因朝向日出东方，有"紫气东来"的祥瑞寓意，得名"喜门"，据说每逢佳节吉庆，村内居民都会特意绕道经过此门，以沾喜气。相比之下，北门位于张家塔村外的北部山坡上，因张家塔村的大部分墓地被安置于此，得名"鬼门"。但这并不意味着北门"晦气"，正相反，这里是一片向阳之地，在当地居民眼中风水极好，将往生的人们安葬于此，与阳宅负阴抱阳、坐北朝南的道理相同，是为了让祖先安睡长眠于光照充足的地方，以便庇佑子孙、中兴门庭、光宗耀祖。

2. 建筑形态——儒家文化

儒家文化中的中庸观念、宗法伦理观念、等级礼法观念都在张家塔村建筑的均衡、对称和秩序的形态中有所体现。

张家塔村民居建筑的宅门位于正中，跨过宅门，正房作为民居中等级最高的建筑，仍旧居中，与宅门形成一条轴线。轴线左右两侧的厢房向四面八方延伸，形成以院落为中心，周围建筑沿中轴线布置建筑的空间格局，结构严谨，秩序井然。当然，张家塔村的民居院落也并非全部呈中轴对称，部分院落因受东高西低的地势起伏影响，有时会采取变通的手段，改变部分厢房、倒座的格局，以适应地形条件。

民居院落，如图2-22所示。

这种居住环境具有稳定、和谐、安宁的特征。孔子云："中也者，天下之大本也；和也者，天下之大道也。致中和，

图 2-22 民居院落

天地位焉，万物育焉。"意思是说，达到中正平和，天地便能各正其位，万物也能各依本性而生长，指中和乃天地万物和谐的最高境界。中庸是中国人的基本精神之一，"中为适应之谓，庸为经久不渝之意"。后来引申为不偏不倚、允当适度之意。古人论天、地、人都不能离"中"而立，在建筑上，儒家思想规制了礼制的森严，后代又将天地人伦思想进一步完善，就体现出逐渐形成中轴线左右对称的南北纵向延伸的建筑空间序列。

就整个空间来看，张家塔村民居建筑群都为中心指向，所有的建筑物都建造在院落的周围，从而围合形成一个相对封闭的空间。联通内外空间的只有一条通道，即宅门，和周边的建筑物比起来，大部分的宅门都要小得多，这使院落空间的向心性更为突出。从院落外进入宅门，是一个和门外公共开放的空间完全不一样的空间，这里安静、封闭，私密性非常强。另外，不少大户人家还会在院落内增设照壁，这使院落内的私密性更强。我国传统文化当中的长幼尊卑观念非常强，这一点在张家塔村的建筑群上也有充分体现，属于中心辐射的建筑物布局，院落内最核心的建筑是正房，一般是长辈的居所，这也在一定程度上反映了古代严格的等级制度。

我国古代农耕社会中，宗族内部有着非常严格的等级制度，长幼尊卑、主次分明均不得违背，这一点在人们生活的方方面面都能够看得出来，包括建筑物的建造和布局。张家塔村的宅院以方形为主，庭院是其核心区域，不论是建筑物的形态、规模还是位置与功能等，都能够看出其建筑物严格的等级制度。宅院朝向基本上为坐北朝南，沿着中轴对称，宅院的最深处是北部正房，受外界干扰比较少，是宅院内最尊贵的建筑，为长辈的住所，东西厢房次之，倒座是宅院内等级最低的建筑，整个院落的主次关系可以说一目了然。

3. 建筑功能——宗教文化

张家塔村始祖赵山从赵家塔迁居之初，为方便族人祀奉，修建祠堂后又在其西门外修建了关公庙、观音庙、龙王庙三座庙宇。顺治末年，张家塔村又与沐浴村、光浴堂合资修建了宝峰寺，后经历坍塌与复建，最终于1955年拆毁。

庙宇自古至今都是连接宗教祭祀和人们现实生活的桥梁，在寺庙中感受宗教信仰，不仅可以让人们把感情寄托给神灵，更是依靠教法去教化人们追求美好生活，在面临苦难时可以保持积极的处世态度。

民间寺庙的发展在我国传统宗教的发展过程中扮演重要的角色，为后人对民间宗教信仰及宗教文化的研究提供了宝贵的实物资料。观音庙殿前的两块碑文分别记述了修庙的历程和功德。大殿中央供奉了观世音菩萨、子孙娘娘、眼光娘娘的塑像。殿内的壁画描绘了观世音菩萨普度众生的场景，而其中特别描绘了求子必应的画面。龙王庙内有东海龙王的雕像，雷公、电母等分列其左右，庙内的壁画则以农夫求雨和雷公、电母拯救灾情为主。关公庙的格局与前者相似，正中央供奉关羽，关平和周仓左右分立，墙壁上细细描绘了关羽杀敌的场景。在张家塔的寺庙文化中，人们供奉观音以求多子多福；供奉龙王以求风调雨顺、国泰民丰；供奉关公以求避祸消灾、忠义侠勇。

4. 建筑装饰——民间祈福文化

和其他传统村落的居民一样，张家塔的居民对幸福生活充满了向往，这一点十分强烈地体现在对于吉庆祥瑞的祈福文化中。张家塔村建筑装饰上多选用福、禄、寿、喜等吉祥如意的题材。此外，人们还用"谐声"的表达手法象征和隐喻来进行祈福。例如，"莲花""喜鹊"的图案象征"喜事连连"，"莲花""鲤鱼"的图案寄托"年年有余"，"倒挂蝙蝠"的图案暗示"福到了"，"荷花"的图案则代表"家庭和睦"等。以上都反映出人们对美好的渴望。

石墩，如图2-23所示。房檐，如图2-24所示。建

图2-23 石墩

筑装饰，如图 2-25 所示。

张家塔村宅院的门窗也极具文化韵味，门窗上借助丰富多样的图案组合从而形成了多种样式，如"工"字格、"寿"字格和"卐"字格等都是较为常见的形式。横线与竖线共同组合形成了"工"字格，顶部与底部的横线分别寓意着天与地，位于天地中间的竖线就代表着人，有天地人和谐共生的寓意。"卐"代表着顺应日月星辰的自然转向，该字符在佛教中经常可以见到，"卐"字格四个方向都向

图 2-24　房檐

图 2-25　建筑装饰

外延伸,在门窗上绘制出各种各样的连锁花纹,绵延不断,具有吉祥福瑞的寓意,武则天将"卍"定为汉语,读"万"。二连环的窗格主要是从内到外由两个同心的花格圆环相扣,在圆环的内部也是最核心的位置有一个方格,这与中国人一直以来都具有的"外圆内方"的情结是相符的,古人一直追求内心的正直和外表的和顺,力求相互和谐。"寿"字格主要是将"寿"字的繁体字演变成一种图案形式,并使用在窗棂上面,寓意着房屋主人祈福长寿与平安。另外,张家塔村院落的门窗还有"铜钱式""棋格式"等多种图案,寓意与上面所介绍的几种图案大体相同。

民居窗框,如图2-26所示。

目前张家塔村内只残存着一块相对来说比较完整的照壁,其壁身呈正方形,有一"德"字刻于照壁的内部,以此来勉励赵氏家族的进德修业。另外,张家塔村民居建筑群的墙体上有使用拼成铜钱状瓦当的排列组合来进行装饰,寓意着财源广进。村内建筑物的门额多为生机勃勃或富贵吉祥之意,所题的字句多为"我师卫荆""雁塔题名""进德修业"等,反映出房屋主人的远大志向;或题为"屏山带水"等,暗示着自家宅院的幽雅;或题为"敦厚家风",寓意着宅院主人宽广的胸怀;或题为"锡福居""迎春第"等,体现出宅院主人对国家和家庭的美好祈福。

墙饰1,如图2-27所示。墙饰2,如图2-28所示。匾额1,如图2-29所示。匾额2,如图2-30所示。匾额3,如图2-31所示。匾额4,如图2-32所示。

图2-26　民居窗框

图 2-27 墙饰 1

图 2-28 墙饰 2

图 2-29 匾额 1

图 2-30 匾额 2

图 2-31 匾额 3

图 2-32 匾额 4

三、生存方式因素

生存方式因素主要包括张家塔居民的个性特征、生活习俗和传统礼制，这些均是与当地居民生产、生活密切相关的生存方式，具有一定的情感价值和文化价值。部分史料参考《张家塔民居考》。

（一）个性特征

春秋战国时期，晋国推行的治国方针为"启以夏政，疆以戎索"，这种治国思想既灵活又有着文化包容性，山西一带也一直都继承着这一文化思想，后来晋商文化开始出现，善于学习的山西人不仅传承了我国传统的儒家文化，还吸收学习了法家的经典元素，并将二者进行了有机结合，从中提取了一些行之有效的谋略。另外，山西一带也非常流行"关公文化"，这可以说是晋商文化的核心内容，对晋商经营当中的"以义制利"思想有直接影响，反映出了我国忠义诚信这一传统美德。上述所介绍的文化渊源都给张家塔村赵家的兴盛奠定了良好的基础。

自顺治年间至今为止，该村一共走出了进士两人，举人七人，拔贡、秀才等近百人，究其原因，该村中赵氏宗族的祖先赵山本人十分推崇文化，非常重视兴办学校与后代的教育事业，因此，赵氏一族在条件匮乏的周边地区之中，先人一步，为张家塔村丰富的文化内涵进行了积累与沉淀。与此同时，这种文化教育的独特心态促使后代人才的发展与延续。

（二）生活习俗

在清代光绪年间出版的《永宁州志·风俗》及《郡志·永宁》中均有记载，张家塔人品行优良，好见义勇为，锄强扶弱，勤劳且富有创新精神，为人友善，淳朴敦厚，精于农务，民风节俭，真诚好客，助人为乐。

张家塔村居民主要以杂粮、蔬菜、米面为主要食品，早饭多食用小米煮成的稀饭或炒面等，午饭则多食用捞饭、黄豆汤等，晚饭多食用山药、小米稀饭。夏秋季节，村民们食用的蔬菜大多为土豆、南瓜与豆角做成的烩菜，而春季与冬季则用土豆、南瓜与其他蔬菜熬制。在过去，村民们能吃上一顿以面粉为主食的饭菜，就算很不容易了，而这样的时刻，仅仅出现在节庆或家中来了客人，或专为病人食用。改革开放后，村民们的生活水平均有明显提高，这时大多数村民每日均可以吃到精细主食了。张家塔村人还会制作许多特色小吃，例如香甜松酥的包蛋馍馍，由白面、软米、红豆组成，广受喜爱。

张家塔村的传统饮食，如图 2-33 所示。

图 2-33　张家塔村的传统饮食

张家塔村人非常好客，每逢家中来了客人，均会以特色面食加以招待。客人不同，招待方式亦不同。往来登门的亲戚朋友，吃手拉面条；对待上门的大夫，则吃揪面片。

（三）传统礼制

在封建时代，结婚需要父母之命、媒妁之言。自从中华人民共和国成立后，张家塔村废除了包办婚姻，开始奉行男女自由恋爱。在结婚时，男女双方并不需要互赠庚帖，只需男方家准备下宴席与定亲礼，招待女方家属即可。再到结婚之日，迎亲的风俗较为烦琐，男女双方要吃十顿饭，并且不能食用蒸馍，新郎还要给新娘准备猪肉、粉条、白酒作为礼物，婚后第一天需在早饭后拜会朋友与亲属，婚后三天需要省亲。白事则包括入殓、祭奠、出殡等诸多环节，细节繁多。张家塔村六十岁以上的老人每逢十年会大摆寿宴，邀请族中亲朋好友前来做客。迁居需在清晨时进行，并准备一盆面带到新家，燃放烟花爆竹讨个好彩头，数日后还需邀请周围的朋友前来暖房。

最具地方特色的是赵氏宗族的祭祖大典。张家塔村历来有在清明节和中元节对赵氏先祖进行祭祀的传统，两次典礼因举行的时间不同，合称春秋二祭，也称春祀秋尝。如果遇到其他的节日或者值得纪念的日子，也会到祠堂举行祭祀活动，比如在农历正月会举行拜年活动，逢重要先人的忌日的祭祀，还有新迎娶的媳妇也会来到祠堂拜祖祈福。北宋著名的思想家程颐也曾在其著作《祭说》中写过如"冬至祭始祖""立春祭先祖"这样的语句。

每家都能见到的祭祖特定区域，如图2-34所示。

图2-34 每家都能见到的祭祖特定区域

虽然近些年来人们的生活水平改善，对外界的了解也越来越多，但是尊祖敬宗的传统意识在农村居民心中的位置有增无减。张家塔村的赵氏祠堂始建于同治三年，在150多年的时间里，除了因土地改革运动和"文革"短暂中止，人们恪守着流传下来的祭祀传统，将祭祀活动保存至今。2016年，在本村与在外发展的赵氏族人后代的资助下，张家塔村筹集了40余万的捐款，对祠堂进行了完善的修复，使其恢复往日光彩。修葺一新的祠堂在开光祭祀时的盛大场面，令张家塔村的村民难忘不已。

翻修中的赵氏宗祠，如图2-35所示。

在历史的长河中，人们发展出了一套意义十足的拜祭程序，环环相扣，完整缜密。准备工作是非常重要的，祭祀相关物品都是人们精心挑选的珍贵食物，在一场传统的祭祀仪式上一定会准备全猪和全羊，"五牲"（牛、羊、鸡、猪、犬）则是必不可少的，此外还要准备很多斋菜。正式祭祀的分工也十分讲究：礼生是整场活动的主要负责人，其职责是主持整个祭祀活动，共有4人，分别是通站、引站、文站和哑站。帮办协助礼生进行组织工作，协调本族其他祭祀人员的安排与参与者的接待。除此之外，还有主祭者（一般是由宗族中的宗子，也就是长房长孙担任）、陪祭者、读祭文者、诵嘏词者等。基本上，所有年满15周岁的本族男性成员都需要在祭祀当天参与活动。

祭祀之前还需要重新将祠堂装饰一番。身着礼服的族裔会在将祠堂清扫整理之后，在祠堂的柱子上贴好对联，红色的对联纸上会书写象征吉祥如意的文字。中堂的神龛前会摆放一张红方桌，上面放着人们精心准备的各类精美祭品。而之前提到的必不可少的全猪和全羊，则会放在祠堂天井旁，静待仪式开始。

祭祀当日的活动是最关键的。族中的祖老会在精心挑选好的时间，打开神龛门，这就象征着整个祭祀活动的开始，之后由礼生向所有参与祭祀活动的族人宣告"祠祀开始"。礼生话落，奏乐开始，三通鼓毕，祠堂中恢复安静。这时礼生会宣讲本次活动的相关事项，之后所有参与祭员会按照规定的位置站好：一般的主祭人会按照年龄从大到小立于天井，在礼生的引导下依次完成"三献礼"的拜祭，分别是"行初献礼""行亚献礼""行终献礼"。主祭人先到神位前跪下，然后献酒献食，负责宣读祭文的礼生会被引导至主祭者右前方并带领其他人先后跪下，阅毕，所有人一齐行三叩首之礼。此后会有一位族中长者代表列祖列宗教训子孙，宣读嘏词，仪式同"行亚献礼"，阅毕，众人完成"三拜九叩首"。

图 2-35　翻修中的赵氏宗祠

最后是"焚祭文，化财帛"，之后礼生宣布"礼毕"，此时乐声和鞭炮声再次响起，参与祭祀的族中晚辈会将神龛的龛门合上，象征礼成。此时迎来"颁胙肉"的环节，参与祭祀的族人都可以分到祭祀的牺牲，许多重大典礼上，还会有当地知名的戏班助兴。

受现代文明影响，赵氏一族的祭祀活动保留至今，但在形式上也融合了新时代的元素，人们很少再似往日一般使用动物作为主要祭品，也简化了许多礼节。现在举行祭祀活动时，祭品多为鲜花瓜果，但形式较少的同时也不免流于俗套。

探讨生存方式时，"形式"是必不可少的元素，而在俗语中，"走形式"却恰恰指人们因流于形式而敷衍了事。从某种意义上来说，笔者认为古代的"礼制"并不完全意味着是"繁文缛节"和过度的浪费，而一定程度上体现了前人对祖先、家族、地方的态度，体现了其文化信仰和行事准则的深度。虽然这些生存方式在现代或许会带来完全不同的理解，也面临着是否要被传承的讨论，但是现代人对其的了解和保护，甚至用心去感受和体验，仍旧具有一定的意义。

（四）古代名人逸事

1. 尺壁赴任

九世祖赵尺壁（约 1644 年—？），字金函，系南城兵马指挥司指挥赵承基之孙，于康熙丙午年（1666 年）中举。1666 年春准备赴考，刚备好马，有一只母鸡飞在马鞭上边拉边鸣，赵尺壁看见气馁，便无心进取，对母亲说："不去了！"母亲勉励道："公鸡不鸣母鸡鸣，尺壁这回中举人！"经母亲再三鼓励，赵尺壁才有了信心，扬鞭催马赶考去了，果然得中。他历任安化、余杭等县知县，并著有《中梅草诗集》，裁定县志。许多知名人士称赞他博学多才，公事艰辛，廉洁清白，劝求民隐。以"不做一件亏心事，不收一文非分钱"为座右铭，并政清简行，廉洁奉公，使讼庭生草，门丁仆役畏其清苦，多辞去公行，分道扬镳。后调任余杭，公民呼青天越境欢迎，治理余杭果然惠政，后御认公举"清代名宦"。晚年回归故里，约于1700年带了三四个贴心衙役、家人，给他们在白家局修了一院砖窑洞，这些人从此姓赵，加入赵氏城支谱系，在白家局安家落户，拓荒种地，繁衍生息。这就是"先有白家局，后有张家塔"的故事来历。

2. 中元书法

赵中元（1702—1750年），原籍赵家塔，后迁郝家塔，其父是赵山的胞弟。郝家塔居住不久又迁于临县寺家塔，传说他教过嘉庆帝，乾隆丁巳年（1737年）进士，浙江即用知县，书法家，自幼聪明睿智，才干过人，后人称颂"南才纪晓岚，北才赵中元"。他浪迹江湖，展示才华，至今流传着一个堪为人知的传奇故事。

赵中元约于1730年游历到太原，正好赶上晋阳城有座城门刚修好不久，准备给门额上书写"太原府"三个大字，可是无人敢写。有一天，赵中元正好游览至此，见许多才子佳人、知名人士身着长袍马褂交头接耳，议论纷纷。赵中元经过一番打听，方知由缘。他抬头一看，不屑一顾，便找领事人毛遂自荐："我写。"对方上下打量他，这个貌不惊人的穷秀才有如此之胆略，是否来起哄？又一想，好几天找不到一个人选，好不容易今天遇上个自送上门的"生意"，不妨让他试试，便应诺让他上架。赵中元毫不犹豫，立即上架，挥动特毫，片刻写上"大原府"三字，果然举笔惊人，运笔非凡，就是将"太"字写成"大"字，乃为一点之差，下架后旁观者又开始议论，有的说："这样好的字可惜少了一点。"有的说："看他也是个蠢材。"对方要求他上架更正，他回答说："我错了，再添写嘛。"他把上窄下宽的帽（瓜壳帽）一脱，在墨中一蘸，用力一扔，不偏不倚，恰到好处。这下可把在场的人都惊呆了，无不拍手叫绝，翘首称赞"天下奇才"。

3. 敦孝赊账

村列第6代赵敦孝（约1797—1877年），妻系方山县洞上娘家，不知哪年哪月他内弟结婚，他身着灰粗布衣裳，骑着一头小灰毛驴到洞上参加婚礼，一进院，只见张灯结彩，鼓乐喧天，宾朋将至，贵客盈门，红马大轿，十分热闹，好一派喜庆气氛。

来客大多数是骑马坐轿，绸罗彩缎，长袍马褂，神气十足，而自己的这身穷酸模样打扮，全场人个个小觑，人人远离，同时也受到连襟的冷遇及亲眷的歧视。但是上午记礼开始，这里有个规矩，谁的礼重谁坐首席，他到礼房一看礼单，不屑一顾，心想：你们小瞧我，你们才记几个臭铜钱。他把自己带的一个元宝置于礼房桌上说："给我全记上。"众人目瞪口呆，这样一个临县穷汉打扮，竟然如此豁达大度，而且是一个腰缠万贯的大财东。他不但夺得首席，而且个个肃然起敬，犹如众星捧月，谁也不敢小觑，从此威名大振。次日，赵敦孝赴离石办事。事毕返回，路经大武，在一家饭店就餐后，发现自己身无分文。便恳求店主赊账，改日归还。店主迟疑，他说："我是张家塔的赵敦孝。"店主不等他再分辩即曰："不管你是东孝还是西孝，我们都认钱不认人！"正在孤立无助、左右为难之时，有一个本店雇工认识赵敦孝，推门而进便问："哦！赵财主，从何而来？"赵敦孝含羞地说："不要喊财主，欠这里钱，挡住走不了。"这个雇工悉知情由，当即解囊，如数交给店主，方解燃眉之急。赵敦孝在回家的路上越想越不是滋味，我一生一世从未受过疾言惧色，也未赊欠，今日丢人现眼，脸面何在？几天后气愤难平，后来打听到这家出售店面，他闻讯迅速赶来将此地盘高价购买，拆除原址，重新修建了一座别有风味、十分豪华的商行，起名为"天益园"，并让那位雇工当上了天益园的总经理。

4. 举人磕头

光绪二十九年（1903年），赵烺在祖宅居住。一天傍晚，突然南楼失火，火势十分凶猛（古人认为是"天火"）。人们闻讯赶来，全力以赴救火。火没有熄灭，在南门附近有个大猪圈，圈内有赵烺之长子赵增福喂的十几口肥猪，来了一只饿狼，跳进圈内吃猪，不知是谁在大门外正要上厕所，听见猪的嘶喊声和挣扎声，此人预料到是狼吃猪，急忙转回院内呐喊："快，下面狼吃猪，快！"于是有几人拿着锹和棍下来，把狼撵走，返回继续救火，火焰还在熊熊燃烧，突然又来了临县三交一带的外孙，因适女（老汝）

病故，其子寻娘家来了，这真是"屋漏偏遭连阴雨，破船正遇顶头风"，一夜之间，祸不单行，接踵而来。

举人赵昕睡至半夜，听到附近嘈杂纷乱，慌忙穿衣出来观望，结果是此情此景，他不由自主地向天长叹，双膝下跪，并祈祷老天："快快将火熄灭……停了吧……"当赵昕还未来得及起立，大火果然自灭，后来村民们大多数知道此事，大家认为举人是村内的一颗明星，身为官宦，有星宿之人，自然与众不同，能感动天地，"天火"岂有不灭之理。

5. 拔贡弃官

赵炳，生于同治五年（1866年），卒于民国29年（1940年），终年74岁。为始祖18世孙，村始祖9世孙，系敦厚堂喜桂之次子，被其二叔官桂收养为嗣，于光绪二十二年（1896年）皇王开选，他赴乡试考中丙申拔贡。官桂欣喜若狂，因他把赵炳视如掌上明珠，竭尽全力让他苦读诗书，学有成就，今日夺得功名，乃为苦尽甘来，如愿以偿。

然而赵炳在考场的所见所闻及当时的腐败现象让他看破红尘，从而产生了"宁愿卧棺，也不做官"的思想，并自慰道："我小小芝麻官对上司得阿谀逢迎、趋炎附势，对百姓得施加压力、发号施令。为民难为官更难，受皇上俸禄，钱财乃身外之物，生不带来，死不带去，不如隐居家乡，本家为民，亲老家臣，种地务农。"后来公文授封他于陕西榆林副职，自己不愿出任，让给一学员任职，他给这位学员每月付额，自己在家务农，为此他写了八个字："独抒怀抱，别具襟期"，分左右挂在自己的墙上。"独抒怀抱"即不愿与一伙贪官污吏、腐败分子同流合污于官场。"别具襟期"是深信我中华民族及国家的命运总有振兴之期。后人对赵炳的口碑是：节高识远，弃官务农。

6. 艺人赵曛

赵敦友的次子赵曛不仅在建筑工程设计方面有超人的本领，而且在石工、木工等工种上也算得上一位能工巧匠。村前有块地叫柳湾坪，准备在这里开煤矿。打竖井已经有100多米深还没有发现煤炭，加之地下水旺，无奈于光绪元年（1875年）停工。接着又开始了治理水地，他将开窑挖出来的石头（碹井剩余的）一块一块地凿好，在河滩边插起石塄，塄内的空白一用周边余土填，二在山上挖开渠让山水充填。没用几年工夫建成了10亩水地，后来又在南门附近建了两块水地，共有17亩水地，在这地里挣了不少钱。打水井3口。二门之所以建筑房屋少，其原因在此。

由他自己发明设计做了3个木箱，弟兄3人每人1个。他的这种木箱与众不同，从外形看是夹桌，上有抽屉，下有双扇门，开门后是木箱，箱内有12个抽屉，下分9层，抽屉底有铁片，乃为不用钥匙的锁，底下的几层木板，有一层最保密，内放上金砖、银圆，谁也不会发现，只有他一人知道，比现在上密码的保险柜还保险。箱子的下落三留一，有韩家山村的韩润旺用260元钱买到赵加玉的1个。

赵曛聪明睿智，才艺超人，一生发明许多，受人尊重。

7. 盲人下棋

赵暲是赵敦友的季子，村列第7代，6岁时失明，嗜好下象棋，棋艺非凡，每天到街镇下棋。有一天到峪口和当地的几位棋手交锋，其中有一旁观者戏耍他，将一棋子故意放错，他当时受蒙蔽，结果是一招不慎，全盘皆输。无奈，赵暲扫兴而归，一路走，一路想：我步步为营，一子未错，怎能输呢？想来想去，当走到牛家岭兔嘴山上时突然让伴行者止步，他恍然大悟地说："返回峪口，我要悔棋。"当他返到峪口时那伙人还在场，他们知道赵暲一定要悔棋，不等赵暲开口，连忙向他解释，承认他们搞鬼，并向他道歉，赵暲连连点头，带着微笑迈着轻盈的脚步重踏回家的征途。

赵暲是助人为乐最杰出、最有代表性的老者，他是个双目失明、丧失了劳动能力、生活不能自理的盲人，曾经行好学善收养了一个接近死亡的儿童，他的品德高尚、心灵最美。

寒冬的一天，赵暲到峪口去，当走到吉家庄村的山神庙湾里时被曹家山的一位村民拦住，连声哀求道："赵财主，请你行行好吧，这孩子父母早丧，与祖父相依为命，最近祖父也去世，孩子孤苦伶仃，眼看着被饿死、冻死，我想要收留他，但我也是一条光棍，贫病交迫，爱莫能助！"赵暲听了不由得心酸落泪，立即将这小孩抱在怀里抚摸着头，再温温小孩的手说："这孩子怪可怜的，我再贫困也得把这孩子的性命救下。"他立即拖着孩子与伴行者一行三人返回家乡（没去峪口），曹家山的那位村民也放心地继续行路。

赵暲将这个6岁的儿童衣服换了一身，吃喝也尽力而为，养了一个月之久，有临县琵琶耳村的一位农夫在张家塔打工，这位打工者叫李尚忠，他没有子女，自愿将这个孩子收养，他收养下这个孩子后自己也生下了儿女，他给这个孩子起名叫李嘉树。李嘉树长大成人，成家立业并生下一女。李嘉树对赵暲的大恩大德终身不忘，他与赵家常来常往，与赵暲的三个儿子赵伯桂、赵仲桂、赵叔桂称兄道弟，后来他女儿长大后，将女儿许配给赵仲桂之长子赵代年。更是亲上加亲，世代相传，同时也有谢恩之意。李嘉树是赵林照的外祖父。

8. 华桂施舍

赵春之季子赵华桂（1884—1948年），监生，贯以种地为生，也经营粉房和养猪业。他的人性好，有许多商贩来张家塔卖货，将所剩货物总要推给"六财主"。"六财主"毫不推辞留下，再照本方便于村民。村里倘有婚丧大事来临者或有灾难遭遇者他总要伸手援助，或粮或钱不收利息，遇有特困户可以借多还少，也可以干脆施舍，从不计较个人得失，总以友情为重。

光绪二十六年岁荒，从陕西来了一伙逃荒者，横冲直撞进了他的院，乞求食物，时值上午，早饭已过，午饭未到，这伙人见桶里有猪食，饥不择食，舀起就吃。赵华桂马上阻拦道："这是猪食，怕你们生病。"这些人误解："这个财主太可恶，连猪都不让我们吃。"赵华桂看见这伙人太可怜，马上让家人生大火，做大锅饭让难友们吃。须臾，小米稠饭熟了，难友们饱餐了一顿，非常高兴，对"六财主"的为人深感敬佩，临别时千恩万谢，每到一处总要为"六财主"传名，后来散落在外村外地的难民闻讯赶来，特找大门里的"六财主"给予舍饭。16岁的"六财主"一一施舍。

"世有隐德，故有后报也。"其子赵广年中年矿工转正，三个孙子为工人或干部，曾孙赵晋方为某部队团级。

9. 武生打狗

赵焕，武生，是敦厚堂赵攀桂之子。他自幼学文练武，身强体壮，功底深厚，性格开朗。坚持每天与长门的培桂、树桂等练功，在马道坪赛马、射箭、舞刀弄枪、熟练功力。

73岁的赵焕，一天，到条壕里找人，不料遇上一条疯狗，猛然向他扑来，扎在他身上就咬。他用力一甩，将狗甩了一个"滚身"。他洋洋走开，可这狂犬又扑来咬他。他对这条狗的猖獗早有所闻，除家人以外，咬得路断人稀。这条狗毫不示弱，张牙舞爪地再次扑来，赵焕手疾眼快，一把抓住狗的脑袋，骑在它身上用拳头使劲打，越打越狠，心想：把你打死算了，免得他人受害。赵焕一不做二不休，直打得这条狗奄奄一息，狗主人闻讯赶来，这狗丧生，主人不干，发生纠纷，赵焕答应给主人赔偿或重给一条狗，主人不依，进而要厮打，赵焕略微展示了几招，这些人不敢近前较量，赵树桂闻讯赶来，以家族身份调解，双方和谐交谈，言归于好。

赵焕性情刚毅，言吐幽默风趣，幼时他父亲给他吃了顿炒鸡蛋，他总是认为炒鸡蛋好吃，要求父亲再给他吃，父亲拒绝。他对父亲说："鸡蛋真好吃，吃了还想吃。"从此成了张家塔的一句歇后语："焕家的吃鸡蛋——吃了还想吃。"他的子孙后代言谈也有幽默风趣感。

10. 秋桂书画

赵秋桂，字有亭，举人赵昤长子。自幼受父教育，勤学好问，才华横溢，博古通今，妙笔生花。书法、速写、图画、剪纸样样精通，村里的墙壁、炕围、家什、碑匾出自他的笔迹的随处可见。绘画栩栩如生，尤以画虎出名，千姿百态、活灵活现。一生善办公益之事，给赵氏各家族撰绘家谱；自己投资在临县县城内办起了特有名气的四大牌坊之一；中华人民共和国成立后村里的标语、黑板报、宣传栏都由他来办。逢年过节，助人为乐，给同人、邻里写春联（包括婚丧两宗的文体、礼生、仪仗等有求必应），向他求字索画、剪纸赋诗的上门来，他满腔热忱地接待。他常摆着文房四宝，忙得不可开交，可心里的兴奋、笑容可掬的面孔、给求索者的舒适感一如既往。土地改革运动中他和弟弟赵玉桂率先开明，受到党和政府的表彰。

11. 赵昱葬礼

赵昱（1851—1913年），字丽青，赵敦临之长子，四门的领家人，条壕里的建筑由他领料到底，有功之人。其长子赵铭桂，廪生，民国11年为省委清查财政委员，民国15年任县财务局局长。由赵铭桂规划，组织弟兄4人及家族，共同出谋献策，决定为祖母开吊3日，为父亲开吊4日，两个事筵合并7日，葬礼隆重，孝子（媳、女儿、侄女）孝孙（女）100多人，奔丧亲眷、友人等有300多人，杀猪宰羊的血水流至庙洞，开席7日，鼓乐吹奏，礼生站礼，两座灵棚，白布结彩，灯烛通明，整个壕里，素装满目，庄严肃穆。村史上赵昱的丧葬礼独一无二，规模最大而有条不紊。

第七日晚在收祭时，由于人多，观众也多，十分拥挤，在窄路之处不小心将一孩童挤到沟壕里，当场气绝，遇难家人悲痛欲绝，事主家族雪上加霜，旁观者们兴味索然，犹如"城门失火，殃及池鱼"。出事后，全村人心情沉痛，不欢而散，事主家更是不期而然、一筹莫展。从此张家塔中街族"埋人不出家祭"。

张家塔归纳起来有四大忌讳：引嫁不拜天地，埋人不出家祭，八月十五不欢，过年不捏枣山。

引嫁不拜天地是从同治四年始至1947年，这段时间光拜祖堂（祠堂）不拜天地。过年不捏枣山，是因赵旭在大年三十晨休克，至晚苏醒，延寿6年。早上起来准备捏枣山，枣山没捏成，却变成"点心"。八月十五日不欢，前面说过，为赵省之殁日。

（五）现代名人事迹

赵承祖，字继明，1925年出生于张家塔，系长门长孙，13岁参军，曾任南京军区军长。方山县庆30周年他寄回3 000元，表示祝贺。

赵秉俭，抗战英雄，民兵队长，后升为晋中武装部干部。工作在汾阳、中阳、临县、离石一带，他英勇杀敌，善于指挥，双枪神手，百战百胜。中华人民共和国成立初期，赵秉俭病故，被追认为烈士。

赵安年（1922—2005年），幼学儒业，于1949年参军，参加过解放大西北、解放太原等战役，在解放太原时赵世喜的尸体埋葬后，他认真地在牛头寨山上做了标记，当烈士家属领尸时由他认领，并帮办了送尸手续。一路回故乡。他在战场上不怕牺牲，屡立战功，受到军奖共7枚勋章。他是杰出的第一批战斗机飞行员，空战中立了一等功。军功章由贺龙亲自授给他并佩戴。复退后分配到太原皮革厂。他在临终前向组织提出将自己的遗体献给祖国，献给医界科室研究。在张家塔他的祖茔（他父母坟墓下边）挖一个衣冠冢，将他的衣冠埋进坟墓，竖一石碑记载他的生平简历。

赵瀛（1911—1987年），阴阳家，在抗日战争时期担任文书，由他保管着全村公所的民兵名单。有一天，日寇扫荡张家塔，其中有一个汉奸密告日寇说："赵瀛保管着民兵名单。"日本军官立即下令捉拿赵瀛。他闻讯后，很快将名单藏于安全地带。自己翻山越岭（不敢走大路）从后山绕行逃到车赶。他在逃跑中不顾自己的安危，时刻准备着牺牲，只要把民兵们保住就心满意足了。后来打听到日寇退围回到据点，他才从车赶回到家中。中华人民共和国成立后，赵瀛大力支持村办校舍，缺啥给啥。学校的桌凳、黑板用的木材他无私奉献，品德高尚，助为人乐。村民婚、丧大事他竭力帮办，不计报酬。为全村百姓看病，晨昏尽职。特别是治麻疹病最为高明，将祖传秘方传授给小女赵烹英，将中医传授给赵开勇。在职业方面收徒传艺，礼仪传授给赵知章，堪舆传授给赵世考及孙赵小明，礼生传授给赵禄鸣、赵艺年、赵世考、赵世安、赵增田等人，他以人为本，毫不保守，诚心赐教，培养人才。

唐智，烈士，安国人。八路军决死二纵队四团二营营长，于1940年5月17日在寺圪垯与日军作战时阵亡，年仅29岁。1940年5月22日，在张家塔龙王庙院内举行隆重的追悼大会，会上四团团长致悼词，全军战士号啕大哭，涕泪滂沱，整个院内官兵上下没有一个不为这位爱国战士、民族英雄、革命烈士、年轻军官而惋惜悲痛，泪沾衣襟。张家塔村村民也参加了追悼，无不为之落泪。他的尸体安葬在龙王庙南，并用一块平面石铭刻了"烈士碑记"。

赵昆年（1920—1996年），张家塔九世孙、赵昌之孙、四门之后，木、泥、瓦工皆并。1968年，由他自己设计，修建了一个毛主席语录牌。高3米多，宽2米多，双面板。顶上中间有毛主席像，两边有灯柱。顶端是木制五星，这个语录牌在方圆百里可算得上绝无仅有。至今巍然屹立在张家塔村的中心市场，博得许多游客的赞誉和喝彩。

赵坤禄（1891—1952年），字受百。一生教书育人，墨迹颇多。临县聘请其出任秘书，他谢绝招聘，由本村赵秋桂出任。

地师级以上的干部有赵康庆、赵镇绥。县团级以及离退休老干部有张德玉、赵英年、赵安年、赵引年、赵根鸣、赵知礼、赵积庆、赵绳冬、赵兰英、刘世铭、赵缠祖、赵元庆、赵吉庆、赵多庆、赵全庆、赵世杰、赵世增、赵世珍、赵全大、赵永明、牛补林、张文伟。后启新秀有赵卫方、赵卫平、赵汉龙、赵青（住大武）、刘玉海、张林虎等。参军失踪者有赵元注、赵鹄鸣。抗美援朝的有赵发庆、赵汝庆、赵增玉。抗美援越的有赵世茂。为抗日献身的烈士有赵开禄等。解放战争的烈士赵世喜。中华人民共和国成立后的烈士赵伟庆。学大寨时的赵昌年、赵知祥，这两位为公献身，没有被追认为烈士。

四、文化心态因素

明清时期，传统观念和意识形态还是很强的。儒家思想占据统治地位。张家塔村居民一方面追求功名利禄，一方面崇尚儒学，强调宗族观念，和睦相处。这些社会意识，决定了张家塔村居民的内向性和封闭的生活方式。

赵氏家庭的夏日聚会，如图2-36所示。

山西自古以来都以农耕为主，作为生产单位的组成部分，家族内部通过田地来进行分配，同修宗祠、学堂，同筹婚丧嫁娶，共同生活，共守财富，从而对村落起到坚固的保障作用。大家族内部尊卑有序、长幼分明、内外有别的家族制度，对张家塔村民居建筑的构建也产生了相当大的影响。

明中叶后，商品经济的发展冲击着社会形态，重商思

图2-36　赵氏家族的夏日聚会

想的兴起使商人的地位提高,张家塔村出现"以商养文""以商助教"的情况。清朝以后,生活方式发生明显变化,崇尚消费的奢靡之风也传播到张家塔村,加快了张家塔村的衰落。

以上种种因素深刻地影响着当代张家塔村居民的文化心态并使亲疏观念、家族观念以及重商、崇文等地域文化在当代的日常生活中得到延续。其中,赵氏一族的宗族文化在村民中体现出了突出的延续性,当地居民对于宗族文化的保护和延续十分重视,具体体现为修缮宗祠,修编族谱、家训,举办祭祖活动及撰写、记录相关文字史料等。以下将这部分内容做简要整理。其中部分内容参考《赵氏宗谱》。

(一) 赵氏祖训

古圣贤垂教立言,班班典籍。即我朝圣祖仁皇帝御制广训十六条,凡所以准人情而后风俗者至明且切矣。人苟能以心体力行,范围不过,则在宗族为循良子弟,即在乡党为端品正人。无如世风不吉,习俗移人名节稍乖,即身再扰贻口实,可不慎与。语云:子弟之率不谨,由父兄之教未先。倘不训而罚,不几与不教而杀者等耶! 兹于族谱既成,特编家训数则,另镌谱首。词不必精深,唯切于日用身家以及关乎伦常风化者,俾人人易知而易行,凡我族人,各宜致意,女常力业,操勤谨于当躬,正己修身,树仪型于后裔。焘子弟于景行,维贤于焉。光辉族党矣。

1. 敦孝悌

孝悌者,百行之原也。孩提知爱本诸良能,稍长知敬原于善,何以狃于习俗,顿失初心。为子弟者不知孝,当体父母生我之恩情,不知悌,当思长上待我之友爱,诚能服劳竭力,奉养无违,隅坐徐行,恭让而不懈,则一门之内,和顺雍容,孝悌敦,而人伦斯重矣。

2. 睦宗族

自古乡田同井,出入相友,守望相助,疾病相扶持。异姓尚敦亲睦,矧同族之人而漠不之顾耶。务使视如一体,疴痒相关,庆吊必互相往来,缓急必互为通义。鳏寡孤独,必为之哀矜;困苦颠连,必为之照顾。能与祖宗济一日子孙,即能与祖宗免一日忧虑。若乃各顾身家,视同宗如秦越,甚则每因小事,辄起纷争,则怨积日深,其不视如仇敌者几希矣。书曰:以亲九族,尚其念之。

3. 力本业

士农工商,均有常业,所贵恒心自励而各勤乃业耳。盖人有一定之胜境,不拘所肆何业,即随在可自致,立收其效。若乃既居于此,又慕乎彼,则此心一纵,遂不免怠乎其业矣,无何身入他歧,依然故我。业精于勤,荒于嬉。事虽勤于始,尤贵励乎终。皇天不负苦心人,尚须自勉之。

4. 慎交游

交接之际,不可不慎。正人入室,所讲者好话,所行者正事。则子弟之所见所闻,即不得引入邪僻。不然,习俗移人,贤者不免,况子弟之庸愚者众乎。语云:学好千日不足,学歹一时有余。丽泽求益,尚慎游哉。

5. 和兄弟

兄弟之间,原称手足,言人之有兄弟,即一身之有手与足,断不得隔膜相视者也。何今之人见识浅狭,或因兄弟弱于我,或因食口多于我,加以妇言唆拨,遂日思析箸而各烟。甚至每因小事,入室操戈,同气参商。外人因而构害,拆篱放犬之弊可胜道哉。昔有张公艺九代同居,江州陈氏七百口共食,均是人也,何弗思之。

6. 训子弟

易曰:蒙以养正圣功也。凡子弟无论智愚贤否,均当以读书为上。即或赋质不齐,亦须为之谋成,立慎择术,以为久远计。断不可溺于姑息,听其放浪形骸。盖人唯年幼,每令人怜,偶有过失,恒以无知恕之。不知中人之性,成败无常,若不预加防微,则骄奢淫逸,鲜有不为俗所染者。甚至寡廉没耻,无所不为,不大贻祖父羞哉。须知水随器为方圆,影视形为曲直。有父兄之责者,可不慎与? 又,教子读书,须趁光阴,不可太迟。世人常谓,太幼则无知,俟其稍长读一年算一年。不知既长,则外旷多端,虽读而终难刻骨。无怪乎三四年庸师之教,念一转而尽归乌有矣。唯其幼则嗜俗未萌,心无旁骛,际引一片之灵机,加以严师之提命,启其颖悟,收其放心,则成童之年,自可判其优劣之性。曾思十二岁之庠,人岂一二年工课哉? 顽子切勿诿以家道艰难，遂渐往荒误子弟而不教也。凡我族人，共体此意。

7. 尚勤俭

勤俭乃居家之本。勤者财之来，俭者财之蓄。常见好闲之辈，似乎惰气天成，稍盈余，即喜丰而好胜。不思一时侈欲转囊空，悔何及哉。故不勤不得以成家，即不俭亦不可以守家也。冠婚丧祭，称家有无，衣食人情，随分自适。与其奢隋而终嗟不足，何若勤俭而常欣有余，为祖宗惜往日之勤劳，为子孙计将来之生业。语云：一勤天下无难事。又曰：有钱不可使尽。愿后人敬听之。

8. 戒争讼

居家戒争讼。凡是非之来，退一步，让三分，自然少事。盖以汝既有包容之度，彼必生愧悔之心。若乃因微逞忿，忘身及亲不顾，倾家尽产与人斗讼，则是鹬蚌相持，渔翁获利。纵令侥幸得胜，而家资受累矣。于是，所用不足，势必称贷，宿债莫偿，势必鬻产。此讼之所以终凶也。圣语云：小不忍，则乱大谋。其试思之。

9. 遵法律

朝廷定律例，以惩愚顽。凡酗酒赌钱，奸淫强盗，及一切不法之事，示谕煌煌，极为严肃。倘自蹈非僻，不畏三尺之条，一经发觉，身陷囹圄。爱书不宥，乡论不齿，上辱父母，下累妻孥，终何益哉？纵不明法律之严，亦当知身命为重，与其追悔于事后，何若远虑于事前。

10. 禁非为

人生斯世须趋正道，始为正人。乃有一等丑类，学习法打，包抢包牵，外逞豪强，心怀狡诈，每每恃能挟制，借径刁唆，坏名分而不辞，犯王章而不顾。此等败行，大辱宗亲。凡我族人，均宜惕戒，毋游手好闲，而失本业；毋博弈饮酒，以废居诸；毋身陷不法，以身罹于刑章；毋肆态胡行，而见憎于乡党。修其身，安其分，勤其业，不居然秩秩之佳子弟哉。

家训十则，言疏而意切，词短而情深，所愿与我族人常以履薄临深而共相规戒者也。夫齐家之道，端在修身；而招尤之机，悉缘放辟。与其临时而始悔前非，何弗怀刑而预为警惕。则诲尔谆谆者，不得听之藐藐也。若乃视家训为具文，以自行为天性，诚恐习焉不察，自以为是，而背议者纷纷矣。其亦知家人犯法，罪归家长之说乎？贤人正士为乡党模范者，族与知家人犯法，罪归家长之说乎？贤人正士为乡党模范者，族与增荣；匪僻凶残为乡党憎恶者，族亦抱辱。爰于既训之后，复申规戒之词，小则传房族以责悛，大则出公庭而惩凶究。凡我族人，各宜惕励。

（二）碑录

1. 祠碑

家何以有庙妥先灵也，亦岂……先灵既以动后人之孝思而使无忘先世之德也，夫先世有德而后人享之……为先人之德遂使后人食先德忘孝思之诚，此岂报本追远之意哉？益先人之德后人享之，后人则宜思有以报之而共所以报者……以动春秋余享之礼，然而坟墓俱在拜扫，亦视为先之葛若立之庙者，便于祭享使先人不在而如在，且令后之子孙触目心动，以动孝思于无穷躬也。我赵氏太上无祈，考自始祖文利以来，代有兴起于立庙一事，有缺焉，兹者赵晟起意经手欲建家庙以安先灵，谓为先人之嗣而不切其孝思非仁也，享先人之德而不隆其祭享非义也，足以为此事而不及时为非勇也亦非智也，于是择地于村中，有赵敦义施西面地基一块，有赵晟施东面地基一块，卜之吉。因遂心鸠工庀材，于同治三年四月动工修造正北砖窑一眼，上盖大楼三间，以为先灵神堂，东西盖小房六间，可为看庙者居住且可为子孙读书之用，以下则街门墙垣具备，至十月工程告竣焉，通计所费钱四百有余。又施门外本村山地共四十七亩以为香火之费。斯庙之立，自曾祖起及祖父与儿目前所及奉祀者，皆祀立。虽不敢以孝思其于报本追远之意，然颇有合焉。尤望后人子孙于塔坏者修补之，倾圮者整理之。所需金钱可以量力而行，有力者多为捐助，无力者少为施舍，如此则可以世世相传，永守勿替，所为今后人奉先思孝无忘先世之德，孝者其在斯乎，倘后人之兴隆昌盛更过于今日将举，目前之所缺而不全，再加装饰，以尽兴隆其祭享之典。此尤今益之所厚望于后人者耳。谨叙、廪生、赵修理谨撰。

赵敦孝：子：春，孙：廷桂、喜福、培桂、树桂、植桂、光桂、华桂

赵敦友：子：晏、曘、暲

赵敦义：子：叶、晔

赵敦临：子：昱、晧、昌、晖

赵　旭：子：喜桂、宫桂

赵　晟：子：攀桂

赵　明：子：赡桂、月桂

大清同治四年三月二十日立

2. 墓碑

（1）吴命新给赵敦临的撰文。

皇清敕赠文林郎国学生赵君子吉暨德配李、高儒人合葬表铭，赐进士出身诰授奉政大夫陕西岐山县知县姻愚侄吴命新顿首拜撰文。

赵氏为临县望族，历明清两代，有闻人其名邮邑志者，不胜枚举，以其文章史治著者如崇祯庚午举人，讳褐（定襄教谕），庚午拔贡，讳福（怀柔知县），康熙丙午举人，讳尺璧（知安化县），任予拔贡，讳拱微，考授州同，癸酉举人，讳祺（部诠知县），乾隆丁巳进士，讳中元（浙江即用知县），甲戌明通，讳以清（霍州学正），尤以人所称道弗襄者，余亦素闻其大概。甲寅之岁午晖进行孝廉以自撰祖德记暨列祖行述并其赠公行状。余嘱为表墓其世德清芬，始知其详。按，状公讳敦临，字子吉，号谦齐，行四，姓赵，国学生，敕赠文林，即始祖，讳文利，有隐君子风，生子继祖，继祖生本，本生子威（明义官），子威生逯（沈府引礼），逯艰于嗣，至六十九岁始生精，精长丰于财，积谷数窝，明万历年间岁荒，出以赈饥，以长子承基贵诰封西城兵马指挥司副指挥，其三子十五孙游庠序登贤书官京秩辅外员者六七人，嗣是科甲蝉联代有兴起，人以为封公积善所致此。赠公十世祖；九世祖讳承流，行二，太学生；八世祖讳褐，行二，岁贡生，任浙江黄岩县丞；七世祖讳山，行一；高祖讳用康，行二，庠生；曾祖讳豫，行一，府学廪生；祖讳睿之，行四，太学生；考讳敏，字逊修，行一，太学生，人品端正，家法谨严。有大夫子四赠公其季也，幼聪好学，两试童军，以亲老家臣未获竞业尝训。诸子曰：余家书香百年，青相继世，家无白丁，先世遗风不可替也，尔等念之哉！公生平自奉以俭，待人以丰，宅心纯厚，既秉礼弗违垂重训端严尤，遇事能断宣乎义方启后家学相承谷似光

前先型克绍也，子四，长男昱，弓冠游庠，仲晧、三昌均九品职衔，四晖光绪壬寅举于乡，孙新桂、鲜桂、汝桂俱九，芳桂监生，名桂府学廪生，英桂、彬桂俱监生，森桂、衍桂、汉桂俱监生，秋桂、洪桂、瀛桂、翻桂、玉桂俱业儒，曾孙贞年、鹤年、书年、阜年、岗年、巨年、泰年、庆年俱幼读，延年、华年、养年、颐年、有年、丰年、昆年俱幼。懿与赠公德是昌后，子孙克绳祖武，芹芬桂艳，世泽长绵，弓治箕裘，历数百年而后先晕映。书曰：垂裕后昆。语曰：仁者有后。有余于赠公见之矣。公生于道光元年正月初九日，卒于光绪七年十二月二十六日，春秋六十，德配高儒人，樊儒人俱先卒，樊出女一，适吕李儒人，后公三十二年，卒于民国二年九月二十五日，距生于道光十四年八月二十日，享寿七十有九，变理内政，有条不紊。己巳岁，次合厝于郝家塌村瓜地局之原丁山癸，向与邑之汉高山相望良甲地也。兹表不敢固辞，固列叙其世代渊源与赠公生平大略如此。为铭曰：懿唯赵氏，代有闻人，箕裘永绍，两朝缙绅，公蒙先世，继礼唯纯，满而不溢，率下以身，急公好义，化洽乡邻，精明诲后，造福长男。迪德芹藻一新季子绳武领，壬寅推恩锡类宠赠丝纶报施未艾天春惟，仁孙曾迭起燕翼相循以似以续。

秋篆
孙桂敬
名录
民国十年岁次辛酉中秋月谷旦

（2）列授修郎九品衔赵公讳春字应东暨德配王儒人合葬之墓碑。

赵公讳春，字应东，临县张家塔村人。曾祖睿之公，祖敏公，皆太学生，以堂弟晖中式光绪壬寅科举人，例赠文林郎，考敦孝九品衔。世有隐德，家门鼎盛。公同堂弟兄十人，唯公居长，宅心忠厚，人如其名，处事接人从无疚言惧色，是以乡党宗族人无闲言。子媳孙曾数十人，一堂聚顺，唯以勤俭为先导，又善于经纪建筑房屋，连叠五六院，一砖一石，靡不亲自检点，是以康强逢吉，享寿七十岁，生于道光二十年正月初三日，卒于民国六年六月六日。明年即卜葬于南岭村寨茆上，王儒人从而合葬之礼也。大夫子六：廷桂从九，培桂、树桂武生，植桂、光桂、华桂俱监生；女子三：婚嫁皆名族；男孙十七人：保年、修

年、启年、衡年、麒年、凤年、嵩年、恒年、寿年、熙年、纪年、彭年、瑞年、宗年、广年、身年、萌年；女孙十六人；曾孙男七人：世源、世芹、凤鸣、世薄、国鸣、世芝、世萱；曾孙女八人。皆耕读继世，理合详载，俾后之览。是碑者，知善人之福报有如是焉。是为叙。

清赐进士出身晋封中宪大夫历任工部主事
陕西定边岐山等县知县姻愚弟吴命新撰文
清府学廪生堂侄名桂沐手敬书
民国二十年七月谷旦立

（3）举人赵昕写给长兄赵昱的撰文。

清县学生员胞长兄丽青夫子暨德配待赠刘儒人葬墓表铭。

清光绪壬寅补庚子辛丑，恩正科举人胞四弟昕沐手谨撰。

同胞长兄讳昱，字丽青，号悟阴，幼聪颖，年二十，入邑庠。先府君喜曰，赵氏书香数百年，由明恩清，青箱继世，登贤书列仕籍者……人今……幸青一衿，尚其由此深造克绳祖武，以慰吾志。兄受严命习举业者数年，既而以亲老务繁，独力难支，于是弃帖，料理家政，且设家塾以课诸弟。庶事兼营，不惮烦亦不避难，精明浑厚，大有先府君风。方昕之初入塾也，才钝而喜读，兄以为可造，训诲之尤加谨。盖欲以已之未获竟业者，从而望之于弟也。嗣昕于二十一岁游庠，又数年，食廪气，兄期望切莫天荒之再破，奈余晏因辣连年蹭蹬。兄勉慰之曰：功各迟速，自有定数，坚忍待之，终当苦尽甘来，慎勿自馁，可也。计凡七试，始获秋捷。是昕之幸登一榜，亦兄有以栽成而激励之也。先是，光绪七年，府君将弃养，谓兄长曰：汝处事谨慎，处兄弟亦公道，吾即瞑目，家事或者可为汝其谨志，吾言吾唯汝是望，兄涕泣受命，服劳先业，不敢怠荒。仲兄晧、三兄昌襄赞其间，事无大小必亲决，子侄课读必亲授。后两相继逝，一家六十数指众，颇难处车敕。兄竭力支持，任劳任怨，煞费苦心，终兄之身，家无废事，尽聪明才识，本于天赋，而又读书多，积家富家务之余，手不释卷，于前朝历史、先贤议论颇有心得。不唯处常且堪识变。光绪二十六年义和拳之起，邑中效之者纷如，兄独曰：怪力乱神，子所不语。此事不经之甚核，可妄为厥。后拳民俱获罪，其生平识见类如此。余于此益叹兄之见理明而料事周也，使兄以治家者治国共设施当必有远焉者矣，兄生于咸丰元年七月初二日，卒于癸丑年七月三十日，春秋六十有二。曾祖讳睿之妣氏刘，祖讳敏妣氏吕，刘父讳敦临妣氏高樊李，三代俱国学生，赠父林郎，妣俱封赠孺人。原配刘氏先卒，继配刘氏享寿八十有三，生子四、女二。长男名桂，府学廪生；次斌桂，监生；三子森桂，从九；四子洪桂，从九；女俱适王。孙书年、阜年业儒，巨年、华年中学毕业，芝年高小肄业，安年小学肄业。曾孙世慎高小毕业，开义、开福、开成俱小学肄业。即以卒之冬月葬兄于郝家墕村庙梁上之南，阡新茔丙山壬向，余之为是文也，弟述其处已治家之大概耳。至其余孤恤寡排难解纷之及于人者，俱以限于尺幅未及书聊为铭曰：

紧唯长兄孝友性成，克家之器绳武之莫
服劳先业足慰亲心，留心家务三听是箴
青箱继世远绍高祖，承先启后不伐不衿
谙练其才中正其德，兮口其惊镇定其浓
有犹有为可德可则，我诗之碑为后人式

长男名桂沐手敬书
石匠：陈汉禄镌
民国二十八年仲夏谷旦

本坟墓有碑套，亦有石刻挽联，内容如下：

不蓄私财立存公道
克承先志无忝前人
横批：追远

（4）赵昕给赵旭的碑文。

清登仕位郎旦轩赵公暨德配待曾王儒人牛儒人合葬墓表并铭。

敕授文林郎吏部拣选知县壬寅恩正并科举人从堂弟赵昕撰文。

从堂伯兄，讳旭，字旦轩，清登仕佐郎。余同高王父，府学廪生，讳豫，字介石。府君之玄孙同曾王父，国学生，讳睿之，字圣基。府君之曾孙叔祖讳勉，字懋修。府君之长孙堂伯，国学生，讳敦仁，字德肫。府君之家子也，幼读书，称颖悟，以堂伯早逝，令两弟俱就傅，已独料理家务，早作夜息，劳瘁不辞，规模宏远，大有先世遗风。洵先家之令器也，独其享年不永，未获尽展所长为可惜耳。虽然余犹有说焉，大造之于人也，啬于前者，每丰于后，靳于始者，必予于终，此理之常，无足异者。当咸丰元年，年三十病增剧，既而卒，时方辰刻，为易冥服，备棺待殓，乃至晚而复苏焉。亦云奇矣。后病渐痊。延年六载，卒于咸丰六年三月十二日，距生于道光元年四月十三日，享年三十有五。原配王氏生男二、女三。长男喜桂，监生；次官桂。女长适张；次适秦；三适闫，继配牛氏，出女一适曹。王先公卒，享年三十五岁，牛后公卒，享年七十三岁。孙烺九品衔；炳附贡生；燧业儒；炽监生。曾孙增福、增禄、增无、增荣、增寿俱业儒，增建、增升、增祺俱幼。玄孙顺庆、业儒、永庆、长庆、恩庆、恩薄俱幼。呜呼！伯兄之逝也，年三十余，享年亦云促矣。而有增彦六春之异生，未睹孙媳焉，以殁亦云，恨矣。今距兄之卒六十余年。孙曾繁衍，玄孙雀起矣。倘所谓啬于前，丰于后，靳于始，予于终者，非耶！余与伯兄分属至亲，不敢作周旋语、溢美词姑述，其实事如此，为之铭曰：嗟哉！伯兄三十骑鲸，古人有言，谓死者不可复生，独至于兄，竟若有术，以鲜醒岂天。鉴其年之促而假之六春，不然何生死之异于常人。聊述斯言，用告后世子孙。

曾孙：增禄录字
乙卯四年（1915 年）十一月谷旦

（5）教育家赵增禄先生撰给赵晏的碑文。

清登仕佐郎伯温赵府君暨配张／杜儒人合葬墓表铭

府君讳晏，字伯温，姓赵氏，清登仕佐郎。曾大父讳睿之。大父讳敏。父讳敦友。三世俱于瓜地局祖茔。兄弟三人，府君居长。府君生于道光三十年二月十七日，卒于民国十年四月二十八日，享寿七十有一。初娶杜氏，继娶张氏，生一女，适秦，又娶郝氏，与府君同年，卒年六十六。子男四：馨桂、郁桂、兹桂、芬桂；女二：一适刘，一适樊；孙男六：和年、晋年、绥年、昌年、闰年、万年；曾孙男：银拴、盆拴、吉旺、相拴。以民国十四年四月十二日合葬于宗家山梁之新迁。按，赵氏由秦来迁为临县望族，至府君为十六世矣。府君我曾大父兄弟行也，少读书自云：性纯常，百倍其功以求精熟。旋弄读而理家政。

夫妇晨夜力作，克勤克俭，绰有先世遗风。晚年来愈加刻励，未明而起，携一畚游走村中拾犬豕之粪，默诵所读医学药诀，暇辄临摹古帖或料理田园。灯下课读，宵分不辍。在他人直不知若何告劳而府君处之裕如。与府君居长，志气不少。己卯之岁，将树碑府君墓前，命禄获从府君游走，不敢以不文辞，因叙其梗概如此，且为铭。曰：展如府君其术孔仁既有以施拾族，又有以及于人爰述巅未用告后世子孙。

曾从侄孙增禄撰文
四子芬桂录字
民国二十八年七月谷旦

（6）赵中元给赵士康撰的碑文（因冻土埋尺数，致碑文不全）。

清故显考进士候铨教谕赵公／显妣封孺人刘氏之墓

公讳士康，字引肩，同曾王父之嫡众孙也。全家世传，清白族姓，繁衍至……有雄心，贫不介意，谓案头即是出头地区。田舍何足挂齿，所谓主平志……发前人所未发，举子业亦帷映雪，虽古人无以口数奇不遂以明……抽一邑者，数十年映人科名，莫不言中，非学力精到不及此兄，既困场屋及颇……

嫂王中馈内助节俭。先世以农事起家，此固本务也。兄天性孝友严正中……恻然悲恸。嫂奉养伯父，日乡亲视膳其卒也。合伯母高氏葬于兄前居之……父别有谋兄，余家英杰，知名当世，不朽。嫂早寡失志不渝，训子待家……

以示后来子弟之解读书者
丁巳进士堂弟赵中元敬撰

赵氏先祖之墓碑除上述列举之外，现有赵家塔三世赵本、四世赵子威等。有郝家塔十一世士康、十二世介石。有本村十三世实之、胙之、省之、十四世赵砥、赵磋、赵珍，十六世咸辉、赵明等碑志。因时间仓促，不能一一列举。

先世石碑光郝家塔村三处坟茔七世人共有十四块，现在只幸存三块，其中一块于 20 世纪末由赵明生先生组织人们从赵敦临墓中挖出。这块碑对人们新撰家谱起了不可估量的作用，真是价值连城。现在新编家谱之所以不全，与失去的十一块碑关系重大。

村之三座神庙，在入门之处，门额上都有木刻庙名之字样。庙内共有石碑八块，都在"文革"期间被砸烂扔掉，让洪水冲走，著名的宝峰寺有四块石碑不知何时何人破坏，何去何从踪影难觅。

近几年为已故的先祖虽然新立碑石，但因历史资料缺失所致，几乎没有内容或内容不够充实，例如赵世考为其祖父撰的碑文：

赵公讳培桂德配刘 / 高氏合厝之墓

公生于一八六五年，卒于一九三八年正月初七，终年七十三岁，于清末考中秀才，后本能进武举，因不满腐败，拒得功名。以务农为生，勤俭持家，忠厚善良，赡老携幼，享有盛名。其曾祖敏公，祖敦孝公，考春公，皆太学生，胞兄弟六人皆庠生和秀才，行二，所生八男三女，其七子广年由六弟华桂收养。皆以经营耕读为主，孙男十六人，孙女八人，曾孙男二十七人，女三十一人，玄孙男十五人，女十人，系明德堂大门之称，公立聚魁堂村列第八代，为光前裕后经孙世珍提议，众孙率子谨立。

子：启年、麒年、凤年、寿年、熙年、瑞年、英年

孙：世芝、世宣、世芹、世全、世茂、世喜、世杰、世法、世烈、世明、世珍、世考、世斌、世芳、世荣、世童

曾孙：荣亮、荣青、缠照、宁柱、文平、海平、宁青、云平、国英、云林、应照、有照、文照、武照、赵伟、金祖、耿豪

玄孙：捧元、捧唤、志文、赵岗、赵江、赵鹏、云龙、赵飞、赵伟、建峰、建军、龙勤、赵琦、赵瑾、赵绪、东东、华奇

一九九七年二月十一日立

培桂与树桂弟兄二人常常练功习武，在村中为保卫村民的安宁培训了一大批壮士，组成了一支强有力的主力军，在村中轮流值勤。特别是沐浴村的一个人，培桂收他为徒，此人学文练武，为沐浴村到湍水头这一条沟义务修了一条大道，人们称他"二先生"。他的功绩，离不开培桂的栽培，诸如此类功绩，却只字未提，致碑文不成体统。

3. 功德碑（此碑有沐浴、光浴堂两村给张家塔赵春等四人专刻长方形石碑立于宝峰寺内）

思继往开来功德莫尚焉。

宝峰寺故经理人赵敦孝之子侄等于去年十二月二十七死，买南岭上村长嘴上东侧地壹拾贰亩、下流地捌亩，价钱肆拾叁仟文、忍粮壹斗陆升，即日原地原粮施于宝峰寺内，为助香火此一事也。原属天性真诚且嗣先人伟志，以言功德洵莫尚矣。在彼虽未尝自知其美而合社人等实难忘其德，爰是勤诸顶岷流芳百世云。

舍地施钱人：春叶 / 昱晏。共施地二十亩合钱四十三千文。

沐浴 / 光浴堂村合立。

经理 / 石人：薛怀法、薛光前、薛方国、韩长、张来元、薛方桂、张其元、李守文、薛树、王铎、王志兴、希旺

光绪十一年九月吉立

（三）祭祖文

赵姓泱泱，源远流长。人文之初，即已启航。
历代名士，光芒普照；功德盖世，史册留芳。
东夷图腾，调兽训鸟；伯益首领，享誉夏朝。
嬴姓赵姓，同祖少皞。九世造父，驭驾高超。
穆王赐封，得地为赵。三家分晋，赵家主导。
战国七雄，立国为号。秦时南越，大宋荣耀。

洪武动迁，文利入晋，携家至塔，安都定甲。
明清两代，频出高官，品孝举廉，留名乡间。
承基指挥，兵马西城。赵裪赵銃，县丞知县。
赵璇赵捷，父子将军。赵裪赵骈，爷孙举人。
尺壁名宦，安化知县，俸禄捐建，中梅书院。
进士中元，才并晓岚，学正以清，方志流传。

赵山村祖，东徙拓荒，郝张之野，开宗布局。
士康入仕，用康从父，豫生四子，分门立户。
下街上街，中街两堂，人丁繁盛，道德隆昌。
耕读传家，工贾并举，士仕递进，恪守法纪。

田亩商铺，名扬西路，堂庙祭祀，尊孔兴塾。
城堡庄园，村社相连，英才成片，如木参天。

清初至今，四百余年，赵山子孙，人口数千。
本村外地，西东北南，一十四世，浩荡繁衍。
举人秀才，文脉承传，学而优仕，品官未断。
抗战时期，浴血驰援，解放战争，奋力支边。
建设年代，无私奉献，镇绥康庆，主政州县。
名医驻川，良医遍县，更有将官，国防战线。

改革开放，祖德灵显，人才辈出，行业条线。
孝子贤孙，邻家称羡，学有专长，都进学院。
全县状元，并不罕见，留学留工，欧澳非南。
老师大夫，各支涌现，科处干部，服务赤县。
高新技术，引领产研，创办实体，敢为人先。
工农兵商，攻坚克难，国有民营，捷报频传。

伟哉先神，族风浩荡！列祖列宗，道德榜样。
洪荒走来，弥刚弥强，崇文崇武，技艺脊梁。
斗转星移，天地绵长。赵姓旺族，日月同光。

与神州共腾骧，同五洲唱婵娟，伴广宇云飞扬；
彰祖宗之功德，创盛世之辉煌，携万民载祯祥。
　　　　　大礼告成，伏惟尚飨。
《赵氏宗谱》中收录的族中精英，如图 2-37 所示。

五、发展活力因素

根据笔者对张家塔村的调研和分析，目前认为张家塔村已经具备了两项十分重要的发展活力。

第一，张家塔村赵氏文化在新时代环境下的传承和发扬。张家塔村现在的居民仍旧以赵姓为主，但也有许多赵氏族人因为历史原因或经济原因落户他乡。然而这些族人相对于村内一些因土地改革而获得分配的住户，首先在情感上对土地、建筑以及当地文化具有更深的依赖和归属感，这种情感从每年的赵氏祭祖活动中就得以窥见。其次，这些留居在外的族人，相比村内仍旧进行原始生存方式的居民来说，也具备更高要求的生产力水平和经济实力，随着他们的离去，村落也走向了没落。

图 2-37 《赵氏宗谱》中收录的族中精英

这曾是张家塔村等一类村落面临的问题，而笔者认为，或许也正是村落发展的出路。乌鸦反哺，人亦如此。如果能够透过血脉和历史的渊源，透过相关政策的扶持和企业的管理，促使当代赵氏族人与原住民之间进行各方面的交流，例如采取房屋回购或入股共建等方式，极有可能解决许多开发和保护过程中遇到的实际困难。

第二，对张家塔村传统建筑的数字化保护和利用。在本次考察过程中，笔者同北京理工大学设计与艺术学院的同学们一起，利用无人机航空摄影的方法对保护区域的整体图像进行了采集，利用三维激光扫描和近景拍摄技术获取了建筑文物的精细模型与纹理数据，并利用 SketchUp、3D Studio Max 等软件对古建筑进行了复原。

考察中使用无人机作业，如图 2-38 所示。

考察中使用三维扫描作业，如图 2-39 所示。

在文化遗产保护和利用中，无人机作业有着非常重要的作用，通过电脑的控制，无人机摄影可以给保护者提供依据和数据，从而保障工作的顺利进行。在本次实践中，主要通过无人机对张家塔村的民居系统及街道系统进行了拍摄，加强对张家塔村地形、地貌以及建筑布局的了解，梳理了村落的肌理特征。

美国法如 Focus 三维激光扫描仪是一款专门针对复杂测量和建档的高速三维扫描仪[46]。其运用激光原理，对复杂环境和几何结构只用几分钟的时间就能形成详细的三维图像。Focus 三维激光扫描仪还可进行触摸操作，对于扫描功能和参数的控制非常便捷，此外，由数以万计的彩色点云组成的图像还能实现环境的数字化再现功能[47]。

笔者借助三维扫描仪和点云软件，针对张家塔村的三个院落做了三维全景记录。这一数字化方法有着精准、高效的优势，其性价比非常高。

SketchUp、3D Studio Max 作为常用的建筑设计软件，在本次实践中主要用于对测绘数据的整理和呈现。Axure、Photoshop 等软件则用于对张家塔村数字化博物馆界面的设计和对图片素材的处理。对张家塔村的复原实践，从一定程度上保存了村内的文化遗产，同时使遥远偏僻的传统村落得到了展示和宣传。按此趋势发展，通过设计、搭建网络平台等多种方式，能够更好地辅助对该地区的保护与发展。

梁顶六院点云软件效果图 1，如图 2-40 所示。梁顶六院点云软件效果图 2，如图 2-41 所示。梁顶六院 3D Studio Max 效果图 1，如图 2-42 所示。梁顶六院 3D Studio Max 效果图 2，如图 2-43 所示。无人机拍摄全景图，如图 2-44 所示。

图 2-38　考察中使用无人机作业

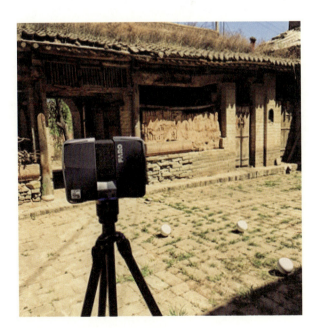

图 2-39　考察中使用三维扫描作业

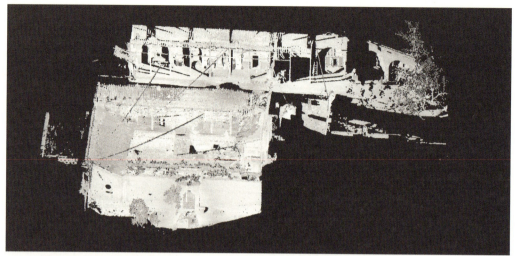

图 2-40　梁顶六院点云软件效果图 1

图 2-41　梁顶六院点云软件效果图 2

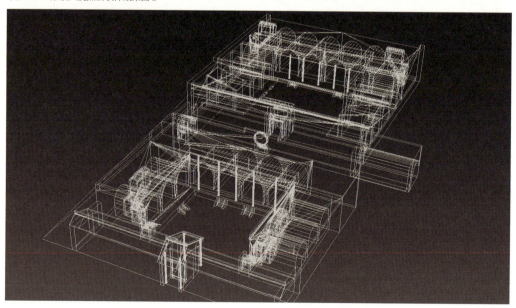

图 2-42　梁顶六院 3D Studio Max 效果图 1

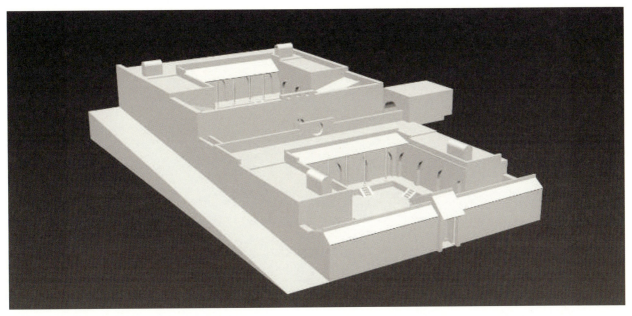

图 2-43　梁顶六院 3D Studio Max 效果图 2

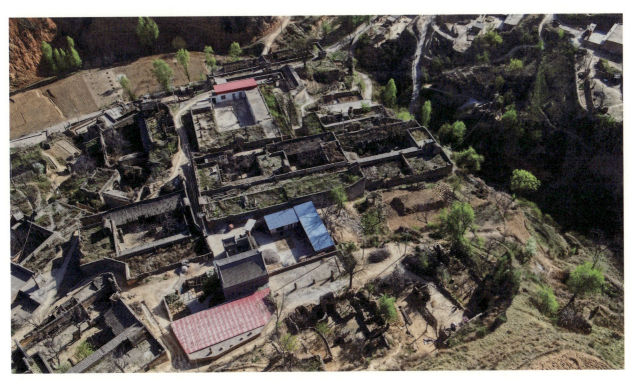

图 2-44　无人机拍摄全景图

第三章 张家塔村民居考

为增加本书的立体性和完整性，方便读者全面了解张家塔村的文化历史，经作者赵世考先生同意，将《张家塔民居考》一书中关于张家塔村各院落民居的介绍引用于此章，插图为笔者自摄。

张家塔的鼎盛期从十三世、村列第四代赵睿之开始。十四世赵敏、赵勉2人，十五世赵敦仁等弟兄5人，十六世赵旭、赵春等13人，十七世赵官桂、赵廷桂等两堂共42位，这五世共63人，勤俭节约，艰苦奋斗，励精图治，铸就辉煌。

古色古香的张家塔从清朝康熙四十三年（1704年）从第一块砖开始，不惜人力、物力、畜力，大兴建筑工程，经过210年的修造，终于到民国4年（1915年）已经大工告竣。共建造宅居36院，东、南、西、北四大城堡，三座庙宇，设梦楼、祠堂等，联村合资建了宝峰寺。在方山、临县、离石等县盛况空前。官府以"私包皇城"定罪张家塔。

第一节 民 宅

张家塔民宅每眼砖窑洞都是圆门圆窗，一般7米多深，3米多宽，3.3米高，木材均为松木，大门有木锁、铁环及搭扣、上闩。门分两种，一是扫地门，二是悬空门（底有插板），双扇开。每院都有石碾、石磨。圪台沿有押沿石条。门墩、厦柱石俱为青石雕刻。上屋顶都留有楼洞。宅内有天地、土府之神阁都用砖雕门面，十分细致精湛。墙角、屋顶正中有瓦烧狮子，有大有小，每宅均有3~4个。房顶两端脊头都有兽头把守，墙角、大门墙角有砖雕花鸟之图，并用红朱、朱砂涂成方形或长方形。除条壕里为动宅外，全村都为四合静宅院。而且大多是坐北向南，宅内东高西低。所以厦檐从主屋到东屋相连。没有屏风的宅院，或内或外总有拦挡大门或宅门的照壁，因为多数大门与宅是相对而开的。门户不相对是民宅的一大忌讳。所以全村出现的照壁多，"泰山石敢当"的石碑也多。每院都有瓦房，每间的深浅不定，一般深3米多，宽2.5米，高3米多，多数因地制宜。全村有六院楼房，楼房的规格也同于平房，间数的多少因地制宜。

全村凡是留有楼洞的居宅准备都盖楼房，而且每家将所用材料基本置办齐备。按计划42桂应有42院住处才对，而实有36院，其中有6院是基础院及条子院，不在计划之内。那么还需要再建12院。其实这12院已经规划为三点，东门场修三院，南门场修三院，下街畔修六院，要比条壕里更阔气、更豪华，有现在筑起的8孔基础窑洞为依据。这三点都将地基挖好，需要的砖、灰、瓦、木都准备就绪。就在这鸠工庀材之时，突然时局动荡，日军侵华，内战不停。闹得民不聊生，鸡犬不宁。因此，刚刚启动的大规模建筑被这一系列的因素化为泡沫。所备的材料，有被日军烧掉的，有被临县建设运走的，也有人为损坏的和出卖的，截至现在是一无所有。

张家塔民居的共同特点：窑洞冬暖夏凉，厦檐遮日避雨，使居民减少疾病，延年益寿，村内的水道从整体出发，长远打算，从上到下有明有暗，干支分明，户户连通，不惜砖、石之费，专论经久耐用，至今仍然逶迤延伸，形成连通网络。甬道从南到北，从左到右，宅通院，院通巷，成为地下通道。便于户与户交往，利于战备，用于抗灾。

大路的宽窄以婚嫁抬轿，丧葬柩行为规矩。村边逢山、茆、沟、壕栽有各种树木，有生态林，有果园林，尤以枣树为重点的树木，早已在张家塔成林。一道大河沿边泡桐（俗称水桐树）林立，粗大茂盛，坟茔的松柏常青，在20世纪中叶之后全部被伐，运往临县。坟茔的松柏树，被张家塔公社伐于20世纪70年代。全村共有水井9口，凿石筑坝开拓水地23亩。这些功绩都属我们的祖先之举。

一、祖宅

清代顺治年间，赵山与次子赵用康来张家塔挖了两孔土窑洞苟且居住，赵用康于康熙四十三年（1704年）生下赵豫后，祖孙三代人，就两眼土窑洞显然既简陋又拥挤。

由东向西看祖宅建筑，如图3-1所示。由南向北看祖宅建筑，如图3-2所示。由北向南看祖宅正门，如图3-3所示。祖宅的二层建筑，如图3-4所示。由中院街道视角看祖宅建筑，如图3-5所示。

赵山之长子赵士康，时年35岁，风华正茂，武进士，任候诠教谕。眼巴巴看着父亲和弟弟过着十分寒酸的生活，自己心里也不是滋味，觉得只有忠孝两全，才不失官体，欣喜胞弟又降生一子，于是，给了父亲一些资助。赵用康将这笔资助与自己和父亲平时省吃俭用的积蓄以及其他家族和亲友的援助一并用来修建新的住宅。先用砖、灰将两眼土窑洞接口，东西两厢增修了砖窑各一眼，东屋住人，西屋放置杂物。赵豫到20岁时（1724年）生下长子赵寔之，时隔7年（1731年）又生下了次子赵肫之。这下住处更需要多修，可是当时经费不足，只能在扩展耕地的同时，又在村东下街、村西上街一带打了些土窑。这就给长子和次子后来的居住奠定了基础。

雍正十一年至乾隆五年（1733—1740年），赵豫又连生两子，即三子赵省之，四子赵睿之。

图3-1　由东向西看祖宅建筑

图 3-2　由南向北看祖宅建筑

图 3-3　由北向南看祖宅正门

图 3-4　祖宅的二层建筑

图 3-5　由中院街道视角看祖宅建筑

村列第四代的赵省之，字诚身，他的生卒在碑志上没有具体记载，也没配偶，更没提他的病历。但在碑文上说他"年近而立，溘然长逝"。其实非也！

根据传闻和推测，他很可能在垂髫或束发时就辞世了，也可能他在幼时就患一种精神病或癫痫症。当时男子长到十七八岁娶个媳妇是比较容易的，更何况名门之士20多岁呢。即便是在张家塔打工的青年也没有一个成鳏夫的，所以敢肯定他不及弱冠而殁。我们不知他卒于哪年，但知道他死于八月十五。赵氏族人为何不过中秋节呢？就因为赵省之殁于此日，所以张家塔赵氏在中秋佳节不举行团聚仪式，不吃团圆饭，更无心赏月，都为他志哀。直到民国21年才有部分人开始过中秋节，中华人民共和国成立后全村正式过上了中秋节。

赵豫经过3年的拼搏在医疗方面的收入也很可观，再加上三个儿子的努力，特别是赵睿之勤学好问，聪明睿智，博古通今，跟随父亲行医，药到病除，使家资兴旺发达，收益日积月累，逐渐变成富翁。于乾隆二十四年（1760年）由赵睿之自己设计，首先在院南给他两个儿子修砖窑两孔。又利用东南角的一块闲置土地盖了一幢二层的砖木结构楼房，进而在四周的屋顶上全部覆盖了楼房，东北角的一座楼房现在巍然屹立，正面屋前加修抱厦（厦檐）。大门位于正西，西南修盖马厩。大门顶部两出水，其中有五脊六兽装饰，猫头瓦剪边，楼、厦、房顶部都用瓦索成行。在他的精心策划下，整个祖宅改装成四合院落，美观大方，显示出了祖宅与众不同的高大性、独特性和完整性。赵睿之一惯以德治家，以德治村，以道德为先，以忠厚为本。他给自己立了个堂名叫"德厚堂"，在大门檐上挂了一块"德厚堂"金字匾。又将一个"德"字赐给长子赵敏，将一个"厚"字赐给次子赵勉。

这院祖宅土建于清朝顺治年间，砖建于康熙四十三年（1704年），扩建于乾隆二十四年（1759年），历时100多年，至今300多年，成为我们张家塔民宅建筑群中的第一院，真可谓风水宝地、藏龙卧虎之宅，也是书香门第、家学相承之院，如清末教育家赵增禄，临县城内联校校长赵香庆，从军者赵发庆师长、赵汝庆团长，中央电视台新闻记者赵忠平等，均出自此老宅。

此院属敦厚堂赵增禄之后直至现在。

二、两堂

1. 明德堂

赵睿之的长子赵敏，字逊修（1770年—？），明德堂掌门人。于乾隆五十年（1785年）开始动工建宅，宅基位于祖宅之西，坐西北向东南，正面五孔砖窑，两厢各有大房两间，院南靠西有一排三间大房，大门位于东北角，正屋有遮日避雨的厦檐，门槛外的平台（也叫走廊，俗称圪台）只有一个台阶，20厘米高。在正屋顶上（俗称垴畔上）修盖凹形的楼房，共8间，楼门中开。这座楼房曾经在清末做过染坊。抗战时期做过村公所。在1965—1986年成立了农业中学，培养出不少人才。大门的建筑一般。门脊用砖脊分水，两边兽头把守，布瓦（也叫片瓦）封顶，猫头滴水瓦剪边。边缘有筒瓦覆盖。门楣顶部用水磨砖装饰门面，并插飞砌缘。整个大门用松木做成，门楣上方木雕四字：福海寿山。外挂一块"明德堂"匾额。石磨在院南下首，石碾在大门外东北处。明德堂为四合院落。赵敏在本院生四个儿子，长子赵敦孝（赵敦孝的建宅在西门一带），次子赵敦友（赵敦友的宅基在南门一带），三子叫赵敦义（赵敦义的居宅在祠堂东侧），四子赵敦临（他的建筑就是最豪华、最有旅游价值的条壕里和圪梁上）。这院老宅是明德堂的开端，称第二院。本院属敦友之次子赵曦，直至现在其后裔居住。

明德堂正门，如图3-6所示。明德堂匾额，如图3-7所示。明德堂学校建筑遗迹，如图3-8所示。由东向西看明德堂建筑，如图3-9所示。

2. 敦厚堂

赵睿之的次子赵勉，字懋修（约1774年—？）敦厚堂掌门人。他的建筑基本上与其兄赵敏同步，宅基位于祖宅东首，主房坐北向南三眼砖窑，东面五眼，转南一眼，门户朝北，这眼砖窑最深处有10米多，它是梦楼的基础。厦檐由东向主房三眼窑一并相连。西面三眼窑没有厦檐，靠南的边窑与外面的门市连接相通。赵勉以经商为主，所以在建造宅院时把小商铺也修在其中，平台有1米多高。他修的大门卓尔不群。他修好住宅后，专门到外地参观了别有风味的大门，回来后仿照外地的特点，结合自己的思路，创造了一个独特的大门。这个大门坐东面西，名曰扫地门，宽 2 米，高 4.8 米，深 4.7 米，门墙两边各 3 米高，山墙 1.8 米高，虽为两出水，但东面另有台阶，西面外加四瓦组成的厦顶，片瓦衬底，筒瓦压缝，滴水瓦压沿，猫头筒瓦剪边。距大门 1 米外有松木厦柱两根，下有柱底石，柱底各有拉木，上有三根梁与门壁相拉。柱上方各有一倒莲垂，檩上两边各有"金斗莲花开""二龙戏珠"，上有一层三点景观，两边"兽张口"中有"寿仙老"均为木雕，油漆彩画。大门口上方镶嵌"凝瑞增辉"砖雕，另挂"敦厚堂"牌额。一进大门有屏风挡宅，其意是：门户不相对。"屏风"顾名思义有挡风之用途，故使宅内聚气、聚财。两边有门洞，双向而进，朝北拾级而上，往南平行，此大门为全临县七雄之一。宅内天井为长方形，完整的四合院，原属赵旭的曾孙赵增光居住，后来赵增光与四门的赵英桂之长子赵泰年用"亮盘子"的方式来打赌，结果输给了赵泰年，由赵泰年居住。这是第三院，土地改革时期归公。

敦厚堂大门，如图 3-10 所示。敦厚堂大门细节，如图 3-11 所示。敦厚堂大门木构，如图 3-12 所示。敦厚堂大门木雕，如图 3-13 所示。敦厚堂大门博风板，如图 3-14 所示。敦厚堂大门木构雀替，如图 3-15 所示。由西北向东南看敦厚堂院内建筑，如图 3-16 所示。由南向北看敦厚堂院内建筑，如图 3-17 所示。

三、中院

张家塔的民居建筑群都以老宅为核心，从中向四面八方扩展，形成辐射状的格局，中院位于祖宅之东上。在村之中心就叫它"中院"。中院始建于道光二十年（1840 年），历时 10 年竣工。本院工程由十六世孙，村列第七代的赵旭、赵晟、赵明三兄弟同心协力，和谐共建。赵敦仁的长子赵旭，字旦轩（1821—1856 年），由他规划，并带头检点参加劳动。中院坐北向南为主屋，四明一暗，共五孔砖窑洞，两厢的窑洞既小又浅各三眼，南房分别位于大门两侧，西有四间，东有六间，大门中开，与两侧小房一并相连，外形与一般大门相似，也是用水磨砖插梿砌椽，两扇大门立于门墩，名曰悬空门，门墩上石雕"莲花结子"图案，门框、楣、额均为松木制作，额上木雕"福从恩赐"四个大字，门楣上有木雕"莲花垂"两个，人们也叫它"管扇"，因为它不但是装饰品，而且有管制门扇来回移动的作用。门下有活动插板，西南角有通向三门巷第一院的甬道入口，主屋的厦檐柱为"鹦哥架"式的圈口。本院由敦厚堂建筑，后出售给赵鸾桂，原属敦厚堂二门赵攀桂之长子、清末武生赵焕居住，现仍保存武秀才赵焕用过的练功石，有三四百斤重。本院为第四院，土地改革时期改归公。

中院大门，如图 3-18 所示。中院匾额，如图 3-19 所示。中院建筑鸟瞰，如图 3-20 所示。中院大门门簪，如图 3-21 所示。

图 3-6　明德堂正门

图 3-7 明德堂匾额

图 3-8 明德堂学校建筑遗迹

图 3-9　由东向西看明德堂建筑

图 3-10　敦厚堂大门

图 3-11　敦厚堂大门细节

图 3-12　敦厚堂大门木构

图 3-13　敦厚堂大门木雕

图 3-14　敦厚堂大门博风板

图 3-15　敦厚堂大门木构雀替

图 3-16　由西北向东南看敦厚堂院内建筑

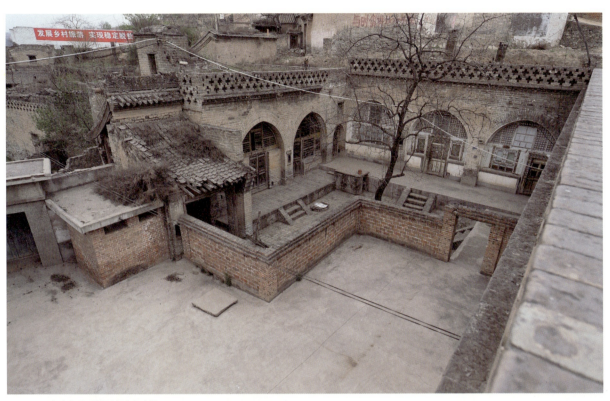

图 3-17　由南向北看敦厚堂院内建筑

图 3-18　中院大门

图 3-19 中院匾额

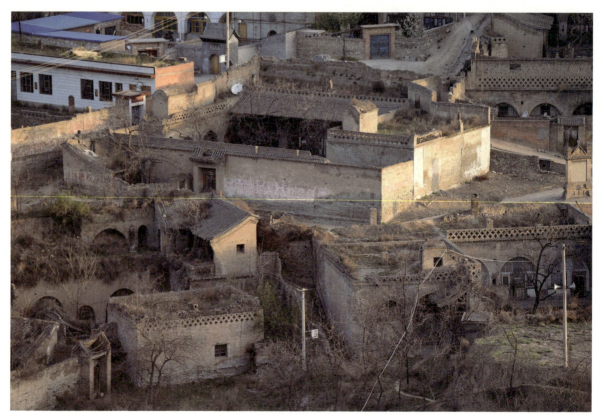

图 3-20 中院建筑鸟瞰

图 3-21 中院大门门簪

四、财东院

财东院由敦厚堂三门始祖赵明率子所建，于道光三十年（1850 年）动工，约于咸丰三年（1853 年）告竣。此院宅基坐北向南，正屋三眼明窑，一眼暗窑，西窑两眼，南窑三眼，东面靠北上角有小房两间，用于放置煤炭和柴草，靠南下角是大门，大门的建造比较简易，有砖雕"福海寿山"四字，它的特点是在大门封顶后专修了一条南北通道，通道两旁砌有一米多高的围墙。后来在北窑顶上和西窑顶上覆盖了楼房，楼房又与敦厚堂的祖宅接壤，顶部与祖宅平衡成为一体，西楼是砖、木、瓦结构，与一般楼房相似。北楼的造诣独特，靠最前面的外形也是砖、木、瓦结构，厦檐、窗户与西楼相同并相连。北楼内部向南有五孔砖窑，中间是走廊，它的高与宽和一般的窑洞没啥区别，深度仅有 3 米多，大门的通道从北楼到西楼可以直接行走，此院虽然属赵明所建，但他的后裔没住多久，约光绪十七年（1891 年）出了一些不肖子孙，染上了抽大烟的恶习，只靠少量的地租，入不敷出，无法供养他们，无奈将此院出卖给方圆百里驰名的大财东——赵宝桂。

财东院鸟瞰，如图 3-22 所示。由北向南看财东院建筑，如图 3-23 所示。由东向西看财东院建筑，如图 3-24 所示。

图 3-22　财东院鸟瞰

图 3-23　由北向南看财东院建筑

图 3-24　由东向西看财东院建筑

赵宝桂系三门赵敦义之孙、赵时之长子，他买下此院后又进行了修葺，将二层楼顶部凿穿了六个漏斗，专为储粮入库之用。赵宝桂粮多钱丰，他每年储存的粮食相当于一个乡镇粮站的储量，在减租减息运动中仅麦子收了他十七石。在抗日战争期间，日军、八路军、政府几家征收了不少粮食，后来他说："咱有这么多粮食，有充公的，还有日本鬼子吃的，没有自己吃的还行吗？今中午和上些黑好面，管饱吃。"从中可见，从前的财东吝啬到什么地步！当时的赵宝桂实属财大气粗、腰缠万贯的大财东，周边的村民有这样一种民谣，即"张家塔的赵宝桂，邓家塔的王楞虎，谁能比得上"。张家塔的财东最多，但是谁也比不上赵宝桂。他所存的粮、积蓄的金银财宝在方圆百里称得上拔尖户，真乃名不虚传。此院土地改革时期归公。

西楼在 20 世纪 60 年代先后两次用作中学校舍，北楼在人民公社时代成立过公共食堂，并举行过盛大会议，可惜于 1980 年拆毁，只有在西北角的一孔窑洞内有通向梁垴头的一条通道及北面的窑洞未毁。修建本宅在基础院上连建两院，这两院上院有简单小楼和窑洞，下院的正屋及靠西的偏屋都属最低根基来支撑着财东院，两院供长工居住，土地改革时期归公。财东院为第五院。

五、梁顶六院

梁顶岭（地名，又称梁垴头），共建六院，又分上下两处，上三院是敦厚堂二门赵晟所建，下三院是敦厚堂三门赵明所建。

由东向西看梁顶六院建筑，如图 3-25 所示。梁顶六院下院大门，如图 3-26 所示。梁顶六院下院木构，如图 3-27 所示。由西向东看梁顶六院上院大门，如图 3-28 所示。梁顶六院上院建筑，如图 3-29 所示。梁顶六院顶层院建筑，如图 3-30 所示。梁顶六院上院鸟瞰，如图 3-31 所示。

图 3-25　由东向西看梁顶六院建筑

图 3-26　梁顶六院下院大门

图 3-27　梁顶六院下院木构

图 3-28　由西向东看梁顶六院上院大门

图 3-29　梁顶六院上院建筑

图 3-30　梁顶六院顶层院建筑

图 3-31　梁顶六院上院鸟瞰

赵晟，字充甫（约1824—1890年），清登仕佐郎，他的原配和继配俱未生，后收养了其弟赵明之次子赵攀桂。张家塔的老少财东从未有侧室，唯独他有侧室秦氏，并给他喜生两个贵子，即赵尊桂和赵中桂。按本村的财主规划，基本上一个"桂"字要达到占一院的目的。原修中院分给赵攀桂，后来由赵攀桂的子孙出售给明德堂赵晔之次子赵鸾桂，所以又在梁顶最高处给赵尊桂建宅三院，中间的一院比其他两院规范，是完整的四合院。

此院主屋坐北向南两眼，东窑五眼，南房四间，坐东向西是排房，大门插中、两侧小房各三间。本宅的台阶是张家塔民宅最高的七台阶。大门一般，主房的厦檐与东屋相连。本院分给赵尊桂的次子赵正和季子赵丕，直至现在由其后代居住。在此垴畔上又修了一院，本院仅有六孔砖窑，比一般的窑洞又浅又小。右边有一栋小楼房，亦有一楼洞通往屋顶。左有一简易大门已拆毁，本院分给赵攀桂之三子，两眼赵英居住，侄赵丕居住两眼，另两眼卖给赵瀛。

另有一院更简陋，利用空间修了五孔小砖窑，抱厦内为走廊，再无余地，没有院落，在出口处修一扇大门，门左为厕，右为马厩，本院后来出售给明德堂三门赵晔之长子赵轩桂。赵中桂居条子院五眼窑，现作为村支部、村委办公之所。

赵明，字孔昭，生于道光八年（1828年），卒于光绪五年（1879年），享年51岁，生三子赵蟾桂、赵月桂、赵丹桂。他修梁顶下三院先于二兄，院基坐北向南一线两院，正屋各三眼，院的正中修隔墙，便形成东西两院。两院的东西端头各有小窑洞三眼，厦檐除遮盖一排六眼主屋外，均与东西两端的小窑洞厦檐相连，厦柱为"鹦哥架"式，六台阶高的圪台，正面与侧面贯通，南房各四间，靠西院南角处有通往村中的甬道口，大门修得比一般的精湛，大门的外形建造与敦厚堂的祖宅相似，但它的构造简单，就在大门外加了两根厦柱，石雕座底石，门厦顶部用四种瓦封顶，有三脊四兽，中有拉杆，拉杆以上的边缘均由画板装饰，门面的檩椽及其装饰也是油漆彩画美观大方，这种同样的大门全村仅有四处，除赵明这两处外，另有西门上大门前三层院赵廷桂的一处，还有圪垛上四门赵汉桂的一处。这两院中，位西的一院赵明分给次子赵月桂，赵月桂之子赵炘生二子，长子赵增瑞，次子赵增权，现由其后代居住。位东的一院由赵明分给赵丹桂一半，另一半分给赵焰，土地改革后归公。这两院以外是一块打麦场，靠西有一块空闲地，在这块空间又修了一眼坐西向东的大砖窑，接着在这一眼南窑墙壁上又修了一院两眼小窑洞，坐北向南，此小院后来由赵增善居住，因多年空闲失修已塌毁。

六、西门上六院

赵敦孝（约1796—1871年），张家塔新四大门赵敏之长子，大门之掌门人。大门的老宅约始于道光元年（1820年），历时30年，于咸丰元年告竣。本宅坐北向南，并有院落大门，围墙下砌碹三孔作为最低基础，上建老宅，坐北向南正屋三眼，室内均有壁画，东三眼。厦檐与主屋相连，西房三大间被墙所隔，分为内外房，外房与前院贯通共六间，窗格明亮，南房六间，重门中开向南，门额上木雕"积善"二字，落款是咸丰元年。门楣上有两个"莲花垂"（又叫管扇），整个重门的建筑与中院门相似，亦为"悬空门"。主屋与东屋顶上连接楼房共12间，1937年被日军烧毁，靠西与东南修两个楼洞与楼相通，现仍有，屋门前的台阶不高，仅有20厘米，南房有暗石磨。刮风下雨的天气也能照常使用。

西门上六院鸟瞰，如图3-32所示。西门上六院建筑外观，如图3-33所示。西门上六院砖作大门，如图3-34所示。西门上六院建筑大门，如图3-35所示。西门上六院院内建筑风貌1，如图3-36所示。西门上六院院内建筑风貌2，如图3-37所示。西门上六院院内建筑风貌3，如图3-38所示。西门上六院砖雕匾额，如图3-39所示。西门上六院照壁正面，如图3-40所示。西门上六院照壁背面，如图3-41所示。西门上六院建筑木构细节，如图3-42所示。西门上六院建筑花窗，如图3-43所示。

图3-32　西门上六院鸟瞰

图 3-33　西门上六院建筑外观

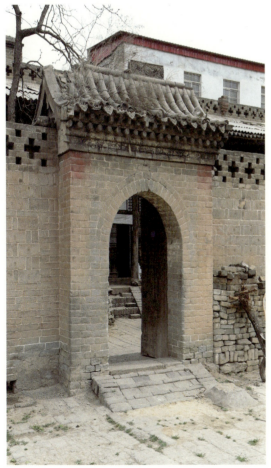

图 3-34　西门上六院砖作大门

图 3-35　西门上六院建筑大门

图 3-36　西门上六院院内建筑风貌 1

图 3-37　西门上六院院内建筑风貌 2

图 3-38　西门上六院院内建筑风貌 3

图 3-39　西门上六院砖雕匾额

图 3-40　西门上六院照壁正面

图 3-41　西门上六院照壁背面

图 3-42　西门上六院建筑木构细节

图 3-43　西门上六院建筑花窗

　　重门外是一院瓦房，分东、西、南三方。东、西两房有火炕，人们居住，南房靠西三间为马厩，靠边有一间门，门外有一厕所，靠西房门前安一碾。大门位于东南向南开，额上挂有"聚德堂"三字的堂名匾额，靠大门西有三间房放置农具及杂物。大门的构造很简单，与普通大门一般，门扇厚实，为"扫地门"。本宅院由赵敦孝亲自检点所建，后改建为小学。

　　赵敦孝建起本宅后已经是不惑之年，只有三个女儿，没有男孩，在创业方面灰心丧气。于是他鼓励赵敦友、赵敦义、赵敦临三个弟弟说："你们好好做生意去挣钱吧！我无后接替，老了，挣下的够用了。"又说："你们年轻，我把希望寄托在将来的侄子身上。"他所建本宅属于大门的第一层院，村建筑史上为第六院。后来由他独生子赵春居住。赵春与其四子赵植桂和六子赵华桂（因他俩人少）一直居住。土地改革后归公。

　　赵敦孝从咸丰年间开始组织三个弟弟和三个堂侄共同商议，设法在村中办些好事，经商议，他们与这位德高望重的老人达成共识，表决同意。于是先从东南山地名叫庙梁的一座龙王庙迁至村中，现在的梦楼场境内暂时停放。在西门外开始了规划，确定了三庙的庙址，并立即动工。老爷庙（关羽庙）、观音庙这两庙的修建省工省料，尤以龙王庙造型独特，工期较长。此后又补修和扩建了宝峰寺（沐浴庙），修葺宝峰寺他担起了"总经理"的重担，竣工后每年唱戏，每逢唱戏在最后的一天由他负担，舍戏一天为神人共赏。

赵敦孝在龙王庙门前常备一个小水缸，水缸内放清水及水碗，专供过路行人饮用。他坚持善事，雨后修路、雪后扫路、栽树、搭桥等。赵敦孝行好学善，积公好德，49岁喜得贵子，从而对公益事更加重视，并主建了赵氏宗祠，加固了四大城堡及三层梦楼。

当然，这里不是指赵敦孝一人之所为，也不是非他而不成，更不是为他一人而夸夸其谈，荣耀他的丰功伟绩。张家塔的兴盛包罗万象，而取决于睿之始，后经五世共63人之举，在此更值得鸣谢的应该是上街和下街的族人以及绝大多数参与修建的劳苦大众，没有他们的辛勤劳动和流血流汗的特殊贡献，张家塔的建筑群不会出现。

赵氏宗祠由赵晟起意修建，又由赵敦孝施东地一块，由赵敦义施西地一块，一年内修好。传闻祠堂落成典礼时赵敦孝激动地说："吾敦孝早知像今日儿孙满堂，能享天伦之乐，吾应该再挣十几年钱才对呀！"祠堂落成庆典由居长的赵敦孝主持。

赵敦孝的独生子赵春，字应东，生于道光二十六年（1846年），卒于民国4年（1915年），享寿69岁，13岁就结婚，16岁生长子赵廷桂，后来又生次子赵培桂，三子赵树桂，俱武生，四子赵植桂，此四子为同治四年三月前生（1865年），以后又生五子赵光桂，六子赵华桂。赵春去世时他有6子、18孙、16曾孙，孙曾迭起，燕翼相循，而仅有祖宅一院实属拥挤，他于同治五年（1866年）率领子孙开始了大规模的修建，连叠四院相继动工，他本着总体规划、综合治理、依山就势、节约用地的原则，从长计议，如水道、大路，布局合理，井然有序。先修好二层院，接着三层院分前后两院，也建筑成功，此后又利用西门之上，崖窑沟畔的一块空地，建了最后一院，这院就叫西门院，这四院俱为坐北向南，每院的主屋都是六眼，前三层院西边有砖窑两眼，大门门额上砖雕"耕读传家"，西门院东有砖窑两眼，后三层院东有便门，墙有垛口，前后院中央夹墙，靠墙各盖瓦房两间，建造的大门除前三层院赵廷桂的大门精修、精装外，其余的大门很普通，靠西门城堡居住，毕竟有防御外侵的城墙，前三层院外，靠城墙又修盖了四间瓦房，加修了一个简易大门，并有存放扇车的小房。这四院二层院的两房有四扇窗格是木刻"梅花点石"及重门外的照壁正面是"玉兔报福"的福字图案，反面是砖雕"吉星高照"四字。

这四院的建筑于民国4年告竣，历时50年。二层院分给次子赵培桂居住，前三层院分给长子赵廷桂，后三层院分给三子赵树桂，西门院分给五子赵光桂，只有四子赵植桂、季子赵华桂弟兄俩因人口少居一层院老宅。之后，除二层院和后三层院外，其余居宅土地改革后都归公。基础院(土语叫押圪塄窑，本院也叫"条子院")原由长工居住，后由赵承祖（赵继明）的军级干部之父赵世渊居住，长门连本院为西门六院。

七、南门两院

明德堂二门掌门人赵敦友，约1810年出生于祖宅。他一直居于祖宅，后由次子赵曘居住。赵敦友之长子赵晏，字伯温，生于道光三十年，卒于民国10年，即1850—1921年，享寿71岁，清登仕佐郎，勤农好学，钻研医学，后弃学而专理家政，绰有先祖遗风，晚年更加勤奋，他于同治十年（1871年）率领赵馨桂、赵郁桂、赵兹桂、赵芬桂四开始在南门附近连修两院，并由其次弟赵曘设计，督促两子赵祥桂、赵贞桂通力协助。

南门两院建筑鸟瞰，如图3-44所示。南门第一院，如图3-45所示。南门第一院砖雕匾额，如图3-46所示。南门第二院，如图3-47所示。由南向北看南门两院，如图3-48所示。

图 3-44 南门两院建筑鸟瞰

图 3-45 南门第一院

图 3-46　南门第一院砖雕匾额

图 3-47　南门第二院

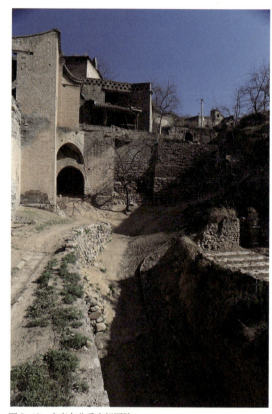

图 3-48 由南向北看南门两院

第一院紧靠南门，坐北向南，主屋三眼，东窑三眼靠北角，有一眼暗窑，有能通向中村直至北梁的甬道入口，西有瓦房三间，南面正中是大门，大门巷道两旁各盖有两间小房，东有楼洞与上院直通。大门很简单，就在南墙壁上用水磨砖修镶了橡、榫和滴水的假大门，门额上用砖雕刻的"长发其祥"四个字，外原挂"修德堂"三字为二门家族的堂号铜字匾额。此院由赵晏自住，直至现在由其曾孙及玄孙居住。

第二院（也叫上院）也由赵敦友之长子赵晏、次子赵嚅、三子赵暲修建。

赵暲（约1860年—？）六岁时因病双目失明，但他未学说书，未学占卜，只是嗜好下象棋，精通棋谱，所生三子，院有明德堂的长子赵伯桂、次子赵仲桂、三子赵叔桂。后来因人口的增长，自己丧失了劳动能力，儿子都小，难以养家糊口，尽管两个哥哥多方关爱，而光靠外援毕竟是杯水车薪，于事无补，于是，将自己的宅院出卖给侄男赵芬桂，用此将自己的儿女养大成人。他及子女在东门附近打了五孔土窑洞，后来三个儿子又开了粉铺、药铺，生意越来越景气，生活越过越美满，直至现在他的后代承前启后，继往开来。

赵芬桂，字香甫，生于光绪二十四年（1898年），卒于1954年，享年56岁，系赵晏之季子，著名中医，民国初期担任过村干部，办事公道，医德医风优良，救死扶伤，有求必应，常在车赶村驻诊，到村社山庄骑着毛驴送医送药出诊，专为行走不便的病人服务。患者多赠他"医术高明""舍己为人""品德高尚""誉满乡邻"等锦旗和匾额。

他住了此院后，除正窑五眼外，院内、院外又进行了整改，院内的厦檐，厦柱为"鹦哥架"式，鸽子木笼工艺精湛，在重门上加修了屏风，整个重门的用料均为松木，屏风上由知名画家、举人之长子赵秋桂画虎一只。上有王修善书"迎春第"三个大字，内由主人赵芬桂自书"名昭图史"四字，重门门额上草书"育桂培兰"四字。大门位于重门之东面，门向东开。大门的建筑比较简单，与明德堂的祖宅大门相似。大门内为前院，前院有明德堂的祖宅之下的基础窑两眼，放置些杂物，靠后有马厩一间，靠北有石磨一盘。

他的主屋内围墙壁席，油笔彩画，图文并茂，现仅有两室内篆书"刚毅、发强、严肃、整齐"八个字比较清晰，也有些图画多为古戏和古代故事的画面，其他三室的壁画已被毁掉。

本院的重门基础最高约12米，拔地而起，另有两处为砖、灰结构，双合顶拱托而成，砌碹架空而起，似悬非悬。它在民宅建筑物中设计深奥，工力独特，造型惊人，较为罕见。本宅土地改革后归公。

八、三门巷三院

三门巷位于祖宅西北角，中院之正西。三门巷又叫巷里，顾名思义，是三门的巷道。三门巷入口处修一间门，靠北盖一间小房，相当于现在的门卫，捎带喂畜。间门之南与长门赵敦孝的楼墙壁相接。门额上木刻"宁静"二字，落款是咸丰四年甲寅（1854年）。

三门巷三院建筑风貌1，如图3-49所示。三门巷三院砖作大门，如图3-50所示。三门巷三院木作大门，如图3-51所示。三门巷三院建筑风貌2，如图3-52所示。三门巷三院院内风貌，如图3-53所示。三门巷三院铜门钹，如图3-54所示。三门巷三院门枕石，如图3-55所示。

三门掌门人赵敦义，字纪伍，赵敏之三子，约生于1815年，他生两子，长子赵时，次子赵晔。进巷第一院就是赵敦义的居宅，也是三门的老宅。本院始建于约道光二十年（1840年），坐北向南，主屋五眼，四明一暗，室内有壁画。东有两眼小砖窑，西有两眼小窑洞，大门中开。两厢有瓦房，东四间，西三间。本院主屋上有厦檐，过道一台阶高。东有甬道与中院相通。西有小间门与四门的两院相通，大门是悬空门，门额上木雕"艺苑蜚声"，由庠生张仲旦给赵敦义次子赵晔所题，岁次在甲辰桃月，即道光二十四年三月（1844年）。本宅在建筑顺序上为第七院，土地改革后归公。前为赵晔之长子赵轩桂居住。轩桂多才多艺，与人为善，人品端正，家法严谨，曾任过村干部，办事公道，受人尊敬。

图3-49　三门巷三院建筑风貌1

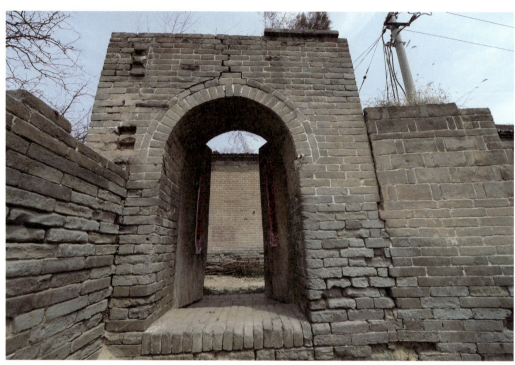

图 3-50　三门巷三院砖作大门

图 3-51　三门巷三院木作大门

图 3-52　三门巷三院建筑风貌 2

图 3-53　三门巷三院院内风貌

图 3-54 三门巷三院铜门钹

图 3-55 三门巷三院门枕石

三门巷由赵晔修好本院后,由村列第六代赵敦临,四门之掌门人利用西边一片空地与其三兄赵敦义之老宅连成一线,又修了两院,从此三门巷又变成巷里。中间的一院因地盘太窄,在靠长门之老宅西修起三眼基础窑,窑门前的水道、大路用石头及砖筑起,20世纪60年代这里做过"九二〇工厂"及"社办农场",本屋顶上又盖了四间瓦房,赵开山住过,现倾圮。

中间的一院主屋五眼,东、西两厢各两眼小砖窑。大门中开,两厢瓦房各三间,大门额上木雕"谨慎"二字,其落款被毁,悬空门有管扇垂两个,本宅主屋的厦檐被日军烧掉。本院由赵敦临之次子赵晧之后居住至今。

西边的一院主屋七眼,六明一暗,东有瓦房三间,西修砖窑两眼,大门中开,扫地门,两厢各有小房三间,大门额上砖雕"福海寿山"四字,门外利用空间又修了一个大门,向南开,门左修盖了两间马棚,右边安一石碾。

靠墙壁两端盖一小房,专放扇车。本宅由赵晧的三子赵芳桂和五子赵衍桂居住。土地改革后归公。

赵晧共生六子,长子赵英桂,次子赵鲜桂,三子赵芳桂,四子赵新桂,五子赵衍桂,六子赵番桂,他们都居住在这两院。

九、楼院

赵敦义修起祖宅后分给次子赵晔,赵晔生赵轩桂、赵鸾桂两子,剩下赵敦义之长子赵时,赵时生两子,长子就是大名鼎鼎的大财东赵宝桂,次子赵成桂,赵宝桂购买了敦厚堂赵增祥的一院住处后,赵敦义、赵时、赵成桂祖孙三代独居楼院。

由南向北看楼院建筑,如图3-56所示。楼院大门,如图3-57所示。楼院砖作建筑构件,如图3-58所示。楼院建筑风貌,如图3-59所示。

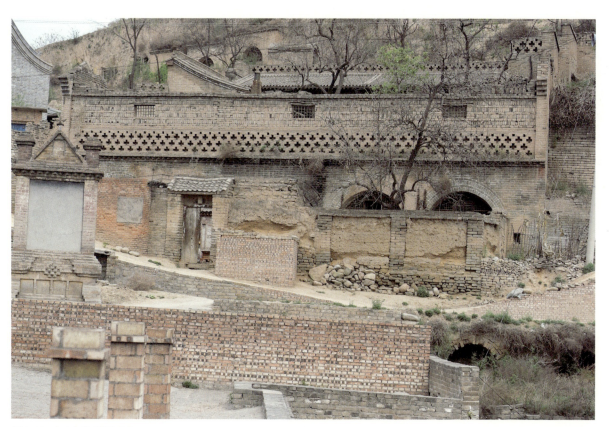

图3-56　由南向北看楼院建筑

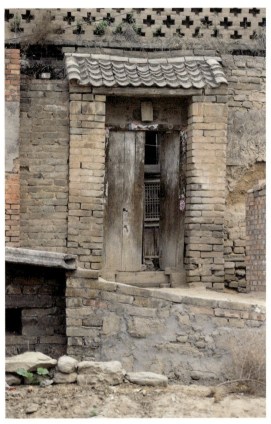

图 3-57 楼院大门

图 3-58 楼院砖作建筑构件

图 3-59 楼院建筑风貌

楼院位于中院之东北角，最早在中院东方有一片桑树，人们把它叫作"桑树场"，又叫"桑树圐圙"。赵敦义就在桑树场靠北修了五眼基础窑。之上盖了九间楼房，楼房之北为正屋四眼，东面修两眼砖窑，西面盖三间瓦房，重门为悬空门。建筑结构一般，大门上有石雕门墩两个，也是悬空门，门额上木雕"耕读第"三个字，另挂一块"仁德堂"堂号匾额。现在院内保存一块恭送前国子监太学生赵纪伍老先生德行"典型宛在"的匾额，落款是杨际清，杨际清于民国16年馈赠。

赵时将此院分给赵成桂居住，赵成桂（1921—1992年）是第十七世42位桂字辈中最小的一位，人们称他为"侯老汉"。中华人民共和国成立后，赵成桂在临县三交湍水头刘王沟等村任教，后来由于自己年龄的增长，时代的变化，不适应本行回村种地，改革开放后当礼生，同时培养了不少青年人。楼院土地改革后归公。

十、条壕里

始祖第十五世，村始祖第六代，四门之掌门人赵敦临，字子吉，生于道光元年（1820年），卒于光绪七年（1882年），享寿62岁。他生四子，长子赵昱，次子赵皓，三子赵昌，四子赵晖（举人）。赵皓的居宅在巷里两院。赵昌的居宅在圪垛上两院，条壕里只有赵昱和赵晖及后世居住。

"治家先治水"乃自古以来的一句名言。地处一条沟壕里，要在其上建屋盖房难度大，可他们不惜费用，只惜土地，治水建屋，同步并行，节能减排，多策并举。条壕里的建筑最为显著。其得名也由此而来。

条壕里的地基用砖和石灰砌碹筑就了一条近百米长的水道，它的宽与高达2米，水道砖砌双合顶，沟的两边用湿土和石灰拌匀夯实加固，分层次而起，他的建筑设计由十六世赵曎和赵暲弟兄俩共同研究策划。构思巧妙，布局合理，成轴对称，造型独特。

一进条壕里的大门就有宅院相向的两院，再顺着胡同往里走又是并排两院，人们把这两院分成东西后院，这两院的构造完全相同。四合院扫地门，主屋坐北南各五眼，东、西厢小砖窑各两眼，大门靠厢墙而立，大门的端头为五间瓦房，两院屋顶的正中部盖有三间楼房，于1958年被顽童失火焚毁。两院的厦檐完整。

前东、西两院的主屋以东、西相向各五眼，坐北向南的砖窑洞各三眼，它的抱厦与主屋相连，南面各盖瓦房三间，大门相对而开，造型美观雅静，大门两厢各有耳房二间，院内的房屋及院落的布局完全一致，台阶的高低均为三级。大门的门额、檩、框、梁、椽俱用松木制作，墙壁油漆彩画，以"山、水、花、木"画饰景。顶用四种瓦封闭剪边。悬空门，门内各有屏风，它的区分只有在门额和屏风的文字上来鉴别。屏风至大门共8米长，2米多宽。

条壕里建筑群空中鸟瞰，如图3-60所示。条壕里建筑院落风貌1，如图3-61所示。条壕里建筑院落风貌2，如图3-62所示。条壕里建筑院落风貌3，如图3-63所示。条壕里建筑院落内部，如图3-64所示。条壕里建筑院落大门，如图3-65所示。"迎春第"匾额，如图3-66所示。"锡福居"匾额，如图3-67所示。"酎史锄经"屏风，如图3-68所示。"进德修业"屏风，如图3-69所示。"育桂培兰"屏风，如图3-70所示。"屏山带水"屏风，如图3-71所示。条壕里木作细节1，如图3-72所示。条壕里木作细节2，如图3-73所示。条壕里木作花窗，如图3-74所示。条壕里木作花窗窗格1，如图3-75所示。条壕里木作花窗窗格2，如图3-76所示。

图 3-60　条壕里建筑群空中鸟瞰

图 3-61　条壕里建筑院落风貌 1

图 3-62　条壕里建筑院落风貌 2

图 3-63　条壕里建筑院落风貌 3

图 3-64 条壕里建筑院落内部

图 3-65 条壕里建筑院落大门

东大门额头上有吴命新书"迎春第"三个字。光绪丙申年（1896年），屏风上由云峰书"屏山带水"四字，其岁次为光绪辛丑年三月（1901年），屏风内由永郡拔贡李在镐书"育桂培兰"四字。

图3-66 "迎春第"匾额

图3-67 "锡福居"匾额

西大门额头上由桐圃于光绪二十二年（1896年）书"锡福居"三字，屏风上由李应禄于光绪二十七年（1901年）书"酌史锄经"。屏风内由仲磨无玷书"进德修业"四字。

图3-68 "酌史锄经"屏风

图3-69 "进德修业"屏风

图 3-70 "育桂培兰"屏风

图 3-71 "屏山带水"屏风

进条壕里，有一总大门，大门巷长 5 米多，宽 3 米，大门用松木制作，0.1 米厚，2.5 米高，大门之西有上楼的台阶，大门之上的楼房窗明几净，火炕完整，供门卫居住。楼外周围有 1 米多高的砖砌围墙，楼为正方形，楼顶厦为两出水。日军侵占峪口后发出一颗炮弹，其炮渣将此楼的一个角打掉，整个大门毁于困难时期。大门上挂有"积德堂"匾额，出了这大门，东有一块空地，利用这块空地紧靠前东院之南墙，又修了一院住宅，本院是张家塔的最后建筑。

它的主屋坐东向西两眼，坐北向南四眼，南屋四眼，西有四间瓦房，大门向南，位于南角，厦檐在主屋与北屋上连接柱为"鹦哥架"式，是完整的四合院，此外利用空地于东方另修了一眼砖窑与本院相通。本院于 1973 年建立了公社粮站，于 1980 年迁走。

整个条壕里前后由赵昱的长子赵铭桂、次子赵斌桂、三子赵森桂、四子赵鸿桂和赵昖的两子赵秋桂、赵玉桂共 6 位分享五院，土地改革时俱归公。

图 3-72　条壕里木作细节 1

图 3-73　条壕里木作细节 2

图 3-74　条壕里木作花窗

图 3-75　条壕里木作花窗窗格 1

图 3-76　条壕里木作花窗窗格 2

十一、圪垛上两院

圪垛上两院鸟瞰图，如图3-77所示。由南向北圪垛上两院，如图3-78所示。圪垛上两院下院大门木作细节，如图3-79所示。圪垛上两院上院大门，如图3-80所示。圪垛上两院上院院内风貌1，如图3-81所示。圪垛上两院上院院内风貌2，如图3-82所示。圪垛上两院上院院内风貌3，如图3-83所示。圪垛上两院下院"行必履正"屏风，如图3-84所示。圪垛上两院下院"我师卫荆"屏风，如图3-85所示。圪垛上两院下院大门，如图3-86所示。如今院落内已被隔为两户，如图3-87所示。

图3-77 圪垛上两院鸟瞰图

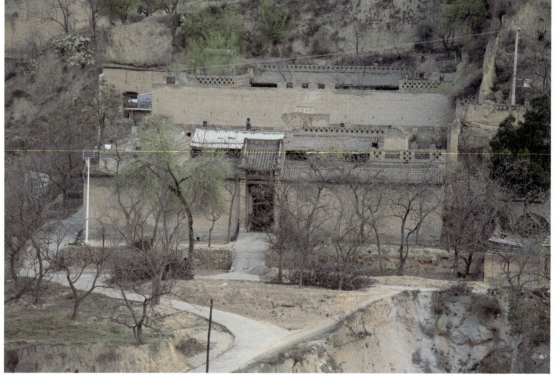

图3-78 由南向北圪垛上两院

圪垛上的两院由赵敦临之三子赵昌所修,两院俱为坐北向南的静宅,分上、下而论。

上院主屋四明两暗,两眼暗窑分东、西两头,内修楼洞,东、西厢各有砖窑两眼,另加小瓦房各一间,院南重门中开,东、西各有瓦房五间,扫地门的门额之上砖雕"耕读传家"四字。一出重门面对着下院屋顶背墙,背墙正中有月门,月门与重门相对,月门上用砖砌"严肃"二字,左右而立。"严"字被拆。从重门到大门的走廊有18米长5米宽,整个走廊全部用砖砌成。此院的院墙为张家塔最高的墙,高达8米。本院由赵昌的季子赵瀛桂居住,土地改革后归公。

图 3-79 圪垛上两院下院大门木作细节

图 3-80 圪垛上两院上院大门

图 3-81　圪垛上两院上院院内风貌 1

图 3-82　圪垛上两院上院院内风貌 2

图 3-83 圪垛上两院上院院内风貌 3

图 3-84 圪垛上两院下院"行必履正"屏风

下院，主屋四眼，两厢东、西窑各三眼，四台阶高的圪台，厦檐在主屋之上，鸽子木笼，双楼洞南房各四间，大门中开，悬空门，门扇7厘米厚，铁件门环，大门口至屏风6米多长，2.5米宽，顶有五搭川、天花板、两出水门。厦檐，五脊六兽，四种瓦盖而成，木雕管扇垂2个，屏风上木雕"我师卫荆"，内雕"行必履正"，辛亥菊月，李树鼎、曹承邺书。门楣之下木雕"凤凰戏牡丹"图案，门额上的图案有三格，两墙的画面模糊不清，原画"仙鹤图"。此院内保存一块"雁塔题名"，不知是谁送给赵昌，恭贺令弟壬寅中举，光绪壬寅11月吉日赠。现由刘占荣之子

图3-85 圪垛上两院下院"我师卫荆"屏风

图3-86 圪垛上两院下院大门

图3-87 如今院落内已被隔为两户

刘玉平保管。

第二节　四大城堡

四大城堡始建于嘉庆年间，于咸丰年间又进行了城墙的加固、城楼的复建。四大城门5米宽，5米长，2.8米高，门扇0.1～0.17米厚，门面全部用铁制蘑菇钉铆成，均有大木锁、铁搭扣、铁环、环扣，夜晚闩上闩，每座城楼上有火坑，有专人把守。

南门风貌1，如图3-88所示。南门风貌2，如图3-89所示。西门风貌1，如图3-90所示。西门风貌2，如图3-91所示。

四大城堡的代称：南门为"火门"；西门为"水门"，张家塔的地形东高西低，村之水、小流域之水齐向西流，所以把西门定为水门；东门为"喜门"，张家塔是文明之村，古人以"紫气东来"这个成语为喻，有太阳从东方升起，东方乃阳光灿烂、风和日丽、喜气盈门、前程似锦的吉祥之兆，故把东门定为"喜门"，村人每逢喜期、喜事都要绕道走东门，取其吉祥之意；北门为"鬼门"，建村以来，大多数坟地都堪测在北梁一带。

东门向东开，位于村东，门左紧靠高崖，门右坐于高

图3-88　南门风貌1

崖之上，四周用土、白灰混合夯实筑起，与门基持平衡，左右砖砌墙，右边有上楼的台阶，楼上三面阳台，便于门卫瞭望。而且楼上窗明几净，晨昏便于观察动静。

南门在村中最下高崖处，将高崖凿开一条大路，把大门镶嵌于高崖之中，门向南开，门巷右边修了一眼砖窑洞，窑洞之上是围墙，城门左上方与地面平衡处修有上楼的人行道，接近楼房处有三个台阶，四周有1米多高的围墙将城堡包围，城门外有咸丰三年官府赠送的"赈灾示范村"匾额。

图 3-89　南门风貌 2

图 3-90　西门风貌 1

图 3-91　西门风貌 2

西门位于村西，门向南开，城门与长门赵廷桂的前院瓦房相连接，上楼要进赵廷桂前院的大门，门右转角处修有上楼的七个台阶，楼梯之上有围墙两处，余处凭窗瞭望。外挂光绪十八年由县令赠给的"文明之村"金字牌匾。

北门在离村一里地之外的北梁上，它的建筑难度大，条件差，工期长，用料多。大门四周用土、灰夯实点固而起，靠东是高崖悬壁，靠西边用白灰、土拦椽筑起的城墙 3 米多高。两个城墩现在巍然屹立。整个城基有 9 米宽，前后有 6 米多长，为三层城楼，能与梦楼遥相呼应，楼梯靠东而上，门额向外镶嵌"德厚堡"三个大字，用青石刻成。

四大城堡依山就势筑墙合围，城门关闭，无法入村，官方谴责"私包皇城"，村民居之，安宁太平。

张家塔修四大城堡为的是以防外御，把偷盗者、赌博者、贩大烟者等坏人坏事都拒之门外，确保村庄安宁、村民平安，为村之治安的一大举措，可官方谴责"张家塔私包皇城""武家沟假出朝廷"。张家塔乃小小一个村庄，既没有得到上面的批准，又没有出了什么了不起的大官，修这么大的四道城门，威风凛凛，岂不是犯了"欺君之罪"吗？

接着到张家塔来要抓"私包皇城"的罪犯。当时张家塔的人民非常团结，互相关心，搞了攻守同盟，没有一个人在官员面前献媚讨好，大家时而异口同声齐要到城里坐牢，时而守口如瓶、一言不发，闹得官方没有办法拿谁来问罪。村里有几个口齿伶俐的说客，把官方反问得哑口无言、下不了台。后来有几位财东生怕得罪了官方，以后官方要以权压人，打击报复，同时为了挽回这种尴尬局面，说了些恭维的话，相应地打点了些好处，这些官员也就默不作声，打道回衙了，他们既没有拿某人问罪，又保住了四大城堡。

第三节　梦　楼

梦楼始建于嘉庆年间，位于村中庙滩场。龙王庙从郝家塌的庙梁（庙圪垯）迁移到村内后，将神堂暂存于村中场地就叫它为"庙滩场"，后来建起了梦楼，将这块场地又改名为"梦楼场"。现在人们都叫其"梦楼场"，很少有人知道它曾经是"庙滩场"。

梦楼遗迹，如图 3-92 所示。梦楼鸟瞰，如图 3-93 所示。

梦楼有两种说法：一种说法是梦楼的基根建立于一眼砖窑之上，根底窄而上面宽，梦楼的第一层为两眼大窑洞，下窄上宽为孟，就叫它为"孟楼"。另一种说法是梦楼的两眼窑洞最早是更夫报时打更所用的，放有许多兵器作为治安基地，有什么情况在这里集中，商讨对策，并发号施令，居民得令后，从梦中苏醒，马上行动，因此叫作"梦楼"。从实质意义上讲，后一种说法比较贴近。

梦楼并非一次性建成的，它的二层及三层在道光末年竣工，梦楼的建筑以砖、灰、石、木、瓦综合组成，二层楼为两间，上楼有砖砌台阶，到二层平面上盖木板分两块，窗明几净，并有四方阳台，便于执勤人员四处周旋，从二层到三层，有七级台阶为平台，平台上放置木梯，三楼只有一间多，四周同下，整个楼为宝塔形，底层置有长矛、

图 3-92 梦楼遗迹

图 3-93 梦楼鸟瞰

大刀，二层放有弓、箭、小石块，三层放有鸟枪，可与北门楼遥相观望，如发现敌情，更夫鸣锣，四大城门关闭，集中壮士迎战，由梦楼发出信号。梦楼成为全村的治安服务中心。

第四节 庙 宇

庙宇在道光中期创建，先建观音庙。观音庙坐南向北，位于龙王庙西南的一块坪地，从龙王庙到观音庙过一小溪，小溪上用砖碹搭一小桥，从红油大门进庙，两厢是边墙，庙院中立一大石坛，坛中前半是烧表，后半是上香的香炉，周围是雕刻的八卦图，再上三个台阶是正殿，殿前挂钟一口，左右立碑各一块，左为观世音的身世及修庙的概况，右为功德碑。殿内正面为观世音菩萨的塑像，主尊坐于莲花盆内，墙两厢的壁画内容也是观世音成佛，普度众生，求生的、求婚的有求必应的图画。两边有子孙娘娘、眼光娘娘塑像。门、窗、柱涂红色桐漆，梁、檩等描绘花格云纹等古迹之色彩。

观音庙外观，如图 3-94 所示。

图 3-94 观音庙外观

关公庙坐西北向东南，位于龙王庙西北角的山地上，建筑形状与观音庙相同，塑像是关羽坐正殿主尊位，右有周仓扛刀塑像。左有关平将军塑像。壁画是三国时关羽英勇杀敌的故事情节，石碑两块，左为关羽简历及重修此庙的经历和经费等，右为功德碑，钟一口和大战鼓一面置于左右。

龙王庙的建筑非同一般，正殿坐北向南，距关公庙（老爷庙）10多米，殿内有东海龙王之塑像，左右两旁塑有雷公、电母、风伯、雨师为侍从之像，壁画右是农夫求雨、禾苗被晒、妇幼乞食等一派灾情景象，左是雷公、电母凌驾于云头之上击鼓、鸣锣、拍钹；云下喜雨欲降、万民祷告的情景等。殿前有一张大供桌，桌前上有三个抽屉，下有木制桌围并有彩画，殿外厦檐下厦柱两旁有石碑四块，分左右各两块，有郝家塌迁移下来的一块，新修龙王庙的一块，叙事碑一块，功德碑一块，有大钟一口，正殿对面是戏台，戏台用砖瓦木石建成，台口用石条压沿，台柱红漆涂抹，台梁出沿色笔彩画,每椽头有"锦絮系镜"之装饰,靠台上有"出将""入相"标志,台下有一口10米多深的水井,大门位东向东开,院内西有四孔窑,两头俱为枕头窑。西南角有廊房两间,西北角有一便门通往观音庙,东有马厩六间,靠戏台有一窑洞为饲养员专用。满院砖铺,院北就是上神殿的砖砌坡路,两旁有阶踏,中间较宽为平面,上至洞顶为平台,两边砖砌1米高的拦墙,从平台往东上3个台阶是窑套窑两眼,四周圈墙形成一个小院,从平台直走,上18个台阶,就是龙王大殿,大殿之东有一便门,顺路而行,直到关公庙。龙王庙洞下是大沟,可以行人、流水,10多米高,洞口额上向东石刻"太和社"三字。桥洞西镶"永贞桥"三字石匾。这龙王庙设计独特,气势非凡,桥涵飞架,连接南北,门洞相通,实用周密,为族人祀奉、戏班的生活起居创造了有利条件。村里每年8月唱社戏,求神祈雨,谢神保佑年景丰顺。

这座龙王庙在方圆百里之内可算是独一无二的。然而,龙王庙于1966年被洪水冲破,后为"引水上山"修水池将三庙相继拆掉,现在旧貌全非,只留一口水井。此庙原为学校、七烈士殉难之地。

第五节 祠 堂

赵氏宗祠始建于同治三年四月(1864年),位于中院之西北方,楼院之西,坐北向南,修枕头窑一眼,上盖大楼三间,厦檐两出水,楼上没阳台,楼西正面为先灵神堂,先祖牌位从赵睿之始按辈分排列,余地为族人奉祀之地。楼下东西两厢各盖小房三间。东为子孙读书之用,西为看庙者居住,小房下首为墙垣合围,大门正中门额上镶"赵氏宗祠"石碑一块。于1864年10月竣工。本祠堂是张家塔村公益建筑唯一的遗产。

祠堂鸟瞰图,如图3-95所示。正在修建中的祠堂1,如图3-96所示。正在修建中的祠堂2,如图3-97所示。祠堂正门,如图3-98所示。重修后的祠堂1,如图3-99所示。重修后的祠堂2,如图3-100所示。祠堂内部,如图3-101所示。祠堂彩画,如图3-102所示。

图3-95 祠堂鸟瞰图

图 3-96　正在修建中的祠堂 1

图 3-97　正在修建中的祠堂 2

图 3-98　祠堂正门

图 3-99　重修后的祠堂 1

图 3-100　重修后的祠堂 2

图 3-101　祠堂内部

图 3-102　祠堂彩画

对赵睿之以上的先祖至赵文利的祀奉在张家塔每年进行两次。正月十五在祖堂花园坪举行一次，清明节亦在花园坪祭祖一次，全族三支裔各村派代表去参与。两次的祭祀相当隆重。

第六节　宝峰寺

由临县湍水头镇的沐浴村、光浴堂（官印堂）及张家塔三村合资联建的宝峰寺（沐浴庙），约于顺治末年建成，到道光年间已经是时隔近 200 年，因年久失修墙倒屋塌。于道光二十年（1840 年）由张家塔的赵敦孝出面，与沐浴村、光浴堂的执政人员共同商议，重新扩建，修葺宝峰寺，通过协商一致同意。于是组织三村劳力，发动三村村民自愿捐款，并推选赵敦孝为本届施工的总经理（功德主）。经过三年的辛苦，于道光二十三年（1843 年）工程全部告竣。从此宝峰寺旧貌换新颜，并有僧人住持。善男信女慕名祀奉，一年一度的五月庙会因此产生。

宝峰寺的正殿坐北向南，殿内正位是弥勒佛塑像，两厢有左辅右弼为侍从排列，正殿约 10 米长，6 米宽，殿外厦檐，檐下四台阶，院内全部砖砌铺底。东面一排六间瓦房，有观音、文殊、善贤等菩萨之塑像。西面一排八间瓦房内有关羽、龙王、阎王等神殿，并有塑像。西南角有一洞口，为出入寺院之用。大门在外，院内坐南向北为戏台，戏台有 1.8 米高，10 米长，8 米宽，台顶瓦索，两出水 8 米高，四角突出，有四个铜铃随风发响。戏台东有两孔砖窑供僧、道、居士居住。每位主神前有供桌一个，院中有一大石坛供各方施主祈祷上香之用。此寺于 1955 年拆毁。

第四章　张家塔村的活态保护研究

本章从活态传承视角，进一步提出对张家塔村的生存价值进行活态传承的研究。

首先阐述了张家塔村目前的保护现状及问题，然后提出应坚持活态传承的原真性、完整性、可持续性、以人为本原则，以及从调研、规划、物质性、法规性四个方向对张家塔村的文化遗产与非物质文化遗产及其价值开展保护的思路。

此外，还提出了保护的具体方法，从生存价值的五项因素出发，改善人居环境、促进旅游就业、强调居民参与、加强对建筑及建筑文化的保护，对民俗文化和宗族文化的保护、强调文化认同与文化自觉，积极挖掘特色，通过持续创新，促进当地发展活力。

在本章的最后一节，对活态传承进行了创新发展。理论上，通过政府引导、政策扶持、专家智库、创意审美、企业共建、居民入股等多种创新方式，拓宽对张家塔村及其一类的传统村落中文化遗产和非物质文化遗产的保护和传承渠道，以促进其生存价值的延续和发展。

第一节　张家塔村的保护现状及问题

在非物质文化遗产方面，村内已经通过《张家塔村民居考》《赵氏宗谱》两本书，对张家塔村的民居和人文风情进行了一定的整理和保存，此外村内部分碑文、碑志也已收录进《三晋石刻大全》一书。文化遗产方面，2006年张家塔村民宅被吕梁市政府定位为市级文物保护单位，2009年张家塔村被选为"省级文化名村"。

然而，由于追求经济的发展和生活水平的改善，张家塔村的各类古建筑逐渐疏于管理，许多甚至不再使用，张家塔村内的大多数年轻人则干脆迁出历史区域，重新建造新建筑使用，破坏了村落的整体布局。

村落内破坏性改造，如图4-1所示。

老旧的民居建筑相继出现开裂甚至坍塌现象的同时，村内乱堆乱放、私搭乱建现象也变得较为严重，随着经济的发展，部分村民开始对自家院落进行翻新改造，拆除了部分坡檐、窗棂、并开始使用水泥、瓷砖等建筑材料对立面进行重整，这使村落的传统风貌遭到了很大程度的破坏。

传统公共建筑中，因历史原因，村内的四大城堡及城墙、庙宇等百年建筑几乎都被拆除，幸免于难的建筑也疏于管理和维护，或直接废弃或重建。例如，张家塔村关帝庙和赵氏祠堂已经被彻底翻新，丧失了原有的建筑形态。张家塔村原有的三座庙宇及宝峰寺已经荡然无存，三层梦楼渺无踪影。

废弃的祖宅，如图4-2所示。

村内建设性破坏比比皆是。2011年，在实施水泥路面工程的过程中，因缺少专业人员的保护理念和正式规划，村落中原有的石板路面和排水明沟遭到破坏性改造，部分窑洞建筑也因渗水问题被迫经受损害。

总体来说，张家塔村尚采用"静态化"保护模式。这种保护模式尚处于初级阶段，以村落中建筑的保护作为全

图 4-1　村落内破坏性改造

图 4-2　废弃的祖宅

部重心，疏于对周边景观的抢救与管理；没有注重对本地居民的保护；对村内的物质遗存和非物质遗存的保护，仅以书面形式进行记录，没有展开切实可行的实际保护计划和行动。尽管"静态"的保护模式在实践中较为多见，但是从活态传承角度上评价，张家塔村尚未开展有效、有益的保护、利用实践。

第二节 张家塔村活态保护的原则

一、原真性原则

我们在保护张家塔村的生存价值时，最重要的是要坚持原真性原则，也被称为历史真实性，从国际标准来看，这一原则是对文化遗产进行定义、评估和监控时最基本的一项原则。张家塔村因为物质遗存有着较为悠久的历史，因此遗产自身的价值比较高，这些物质遗产并非复制或仿制之后所形成的替代品，而是历史的原物，而村内的居住者也一定要是世代居住在这里的村民，只有这样才能使其文化心态和生活方式的原真性得以最大限度的保存。另外，我们在保护张家塔村物质遗产的时候还应注意保护者的主导话语权，充分尊重张家塔村原住民的意见。总体而言，在保护我国物质遗产和非物质遗产上，严格遵循原真性原则是一种具有理论意义与实践意义的方式，尤其是在我国人民"乡土情结"越来越重的今天，这一方式更有意义。因此，我们应结合国际理论和张家塔村的实际情况来保护其物质遗产。

二、完整性原则

在对张家塔村的生存价值进行保护时，要考虑完整性原则，也就是要保护其生存价值的组成和架构。在这一点上，需要做到完好保护张家塔村生存价值内的各个要素，如当地居民的正常生活以及物质遗产的整体风貌。另外，要求生存价值各要素之间形成有机的整体。例如，在保护历史遗存时，尽最大努力不伤害原住民的利益，从而保存其完整的文化心态等。此外，在保护的过程中也不能一味地听取原住民的意见，随意增添或删减历史建筑，或造成新建筑、新环境与原有历史风貌的矛盾。

三、延续性原则

在对张家塔村的生存价值进行保护时，还要考虑延续性原则。延续性原则是一种动态的保护过程，其重视的是文化传承的过程，使文化可以在时间的长河中经久不衰。在延续性问题中，我们不仅要重视非物质文化遗产和物质文化遗产的传承，更要关注其中作为传承者的人和其生活状态。如果传播者消失了，那么其功能也不能延续。例如，张家塔村内的大部分建筑依旧是可以居住的，如果一旦被改为商业、旅游功能，将彻底破坏其本身自有的居住价值。

四、以人为本原则

在对张家塔村的生存价值进行保护时，还有一项最为重要的考量，即要考虑以人为本原则。生存价值与其他价值的区别，在于其活态的必要性，而"活"就在于"人"的存在。人是张家塔生存价值文化保护过程中最重要的主体。生存价值与其他价值的不同就在于其可以以活态的形式长久存在下去，而人就是这种活态的传承者。以人为本原则需要充分考虑到发展中人对整体村落的影响，以及互相的作用。对于张家塔而言，居民对其保护价值的影响可以概括为两方面：一方面是居民可以和其居住发展环境和谐发展时，人可以对其起到促进作用；另一方面，当居民的发展和张家塔村的生存价值冲突时，就可能导致张家塔生存价值的破坏，或者更多人选择离开，这也可以被看作一种价值的流失。诚然，张家塔村的生存价值面临的不是自然的挑战，也不是缺乏专业的保护技术理论，而是一些管理人员在认知层面上存在的错误，导致张家塔生存资源的流失破坏。

我们在保护张家塔村的生存价值上，必须严格遵循原真性、完整性、延续性和以人为本这几大保护原则，同时结合张家塔村的具体情况进行有针对性的保护，让村落的历史和环境的真实性、传统风貌，村落空间布局上的完整性，村民们生活的可持续性几个方面都能够得到有效保护。保护的同时要注意采取有效措施来改善村民们居住的环境和生产条件，让村民们的基本利益能得以有效保障。需要注意的是，我们不能因为要保护张家塔村的生存价值而耽误了原住民的发展与现代化需求，也不能因为要求发展而使历史文脉的传承被断送，为此，我们必须正确处理保护和发展之间的关系，在两者中间寻求最佳的平衡点，积极寻找发展契机，促进当地旅游业的发展，这样才能让保护和发展形成一种良性循环。一方面既保护了当地的历史和文化遗产，另一方面又能够改善居民们的生活水平，让保护物质文化遗产和非物质文化遗产同当地村民的生活向往能够达成一致，真正延续张家塔村的生命活力。

第三节　张家塔村活态保护的思路

根据张家塔村的生存价值的核心五要素，在保护的过程中注重原住民、物质遗存、生活方式、文化心态及发展活力五项内部因素的有机融合。在保持张家塔村物质文化遗产和非物质文化遗产的历史原真性、人的生活延续性、文化的传承性的基础上，提出令张家塔村可持续发展的规划与建议。

一、调研性保护

在调研性保护中，可具体分为文献调查、访谈调查、田野调查、参与观察、现场测绘等。文献包括历史文献、社会文献、相关规划档案、图形资料等，本书主要通过调查方山县县志、《张家塔民居考》、方山县文物局的一些资料来进行归纳、整理。访谈调查主要通过对张家塔村的管理者进行访谈以及对张家塔村本地居民的访谈来收集研究资料，内容主要涉及普通居民对于张家塔村保护规划的态度、对遗产构成的理解程度、对张家塔村公共设施的需求、对村内未来发展的设想和建议等。田野调查，即"直接观察法"的实践与应用，主要记录了一些图片、影像资料，用于后期的模型制作。参与观察指调研人员参与到研究对象的日常生活中，通过多层的接触与亲身经历，得到研究对象的文化形态和内在的深层因素。现场测绘，主要针对张家塔村内传统建筑进行测量和绘制，在此基础上转化为相应的图纸，制作模型。

二、规划性保护

规划性保护涵盖了政治、经济、文化、生态等因素。首先在概念上解决张家塔村保护方式的问题，以分析保护理念为主；然后从整体上解决对张家塔村的保护步骤和发展目标，以经济分析和区位分析为主；最后详细地处理村内旧区改造以及新旧两区和谐发展的问题，以对张家塔村的实体分析为主。

三、物质性保护

物质性保护主要是有组织的实践工作，目前张家塔村尚未开展。

人多力量才大，张家塔村的文化保护和开发工作除了要得到政府的支持、争取政府划拨的资金以外，还需要集中民间的力量与资金，将保护资金的筹集渠道拓宽。此外还可以通过发展旅游业获得一定的收入用于文化保护与开发工作。

四、法规性保护

法规性保护即将保护工作以法规、法律形式进行定义和规范，目前针对张家塔村的保护工作，尚未出台具体的法规文献。

应敦促方山县尽快成立相关的组织机构，加强对张家塔村及周围自然文化资源保护的重视程度，从上层让乡镇领导认识到当前问题的迫切程度，组织专业人员对古宅进行更详细的记录、整理、抢救工作，吸引外来人才的同时注意培养本地人才，切实做好村落的保护和开发工作，与此同时，对村落居民进行积极教育和良好沟通，注重保护生态环境，全方面发展，为遗产保护提供前提。

张家塔村编制相关规划是为了用来指导村落文化保护工作的实施。方山县规划管理局应在规划的编制方面提供一些指导性意见和建议，并在规划实施的各个阶段进行指导和监督，不定期抽查实施成果。利用当地居民的主人翁意识呼吁当地居民置身于保护工作当中，积极地贡献自己的力量，踊跃地提出自己的建议和意见，并通过相应的奖励制度对切实做出贡献的居民给予肯定和奖励。

第四节　张家塔村活态保护的方法

一、对原住民因素的保护

应从原住民自身角度出发，找出原住民对现代生产、生活的需求与其传统村落物质遗存所带来的资源有限等问题之间的矛盾，并研究相应对策。通过对原住民进行访谈或一同开展座谈等形式，一方面深入了解原住民现阶段在经济、教育、医疗、卫生、社交等各方面的现代生产、生活需求，更重要的是能够听到原住民自己的声音，使原住民有机会对自身文化遗产保护和发展问题提出意见及建议，由此进行对矛盾问题的关键因素、成因及影响程度的有机分析，并合理归纳原住民生产、生活与村落保护、发展之间的联系，得出真正有益于原住民自身发展的文化遗产资源活化保护与利用的方法。

（一）改善人居环境

首先要改善整体环境设施。张家塔村虽然拥有历史悠久的村内道路系统，但至今缺乏完善的道路设施，多为自然形成的泥路，且由于崎岖不平、落差较大，不仅不利于通行和运输，也对保护工作和原住民的生活造成了一定的影响。上下水设施亦缺乏建设和管理。目前张家塔村由于地势，并不是户户都有自来水，部分宅院的水质也达不到卫生要求。下水设施则普遍缺失，当地居民至今仍向人工挖掘的土坑内排放生活污水，带来了环境的污染。村内民居的冬季供暖仍以柴煤为主且设施老旧，不仅留有安全隐患，且对当地空气环境造成了污染。

受访居民家中堆放的杂物，如图4-3所示。

其次要改善村落卫生环境。许多禽类仍在张家塔村院内甚至宅内，这对村落的卫生环境不利。此外，张家塔村

图4-3　受访居民家中堆放的杂物

内缺少公厕,每家都盖有半米高的简易厕所(旱厕),没有遮篷,不仅卫生状况欠佳,也缺少私密性。村内的垃圾的收集、处理,目前因量少而未提上日程,致使多数垃圾倒向沟壑,带来环境的污染。村内尚未建造公共浴室,由于当地居民已经习惯了原有的卫生条件,且对环境的私密性不太讲究,许多年迈的居民会在院内开放空间进行擦洗。然而随着生活水平的提高及观念的进步,浴室的搭建也应纳入当地基础设施建设的重要一章。

村内普遍使用的旱厕,约1米高,如图4-4所示。

图4-4 村内普遍使用的旱厕,约1米高

此外,还要改善室内环境。张家塔村民居内部的环境几乎处于无装修的原始状态。许多人家的建筑和院落中都堆满杂物,室内光线很差,有些民居因常年烧炭,室内白天也漆黑一片。随着经济水平的提高,需要帮助居住者从观念上发生改变,让他们意识到,随着经济水平的逐步提高,生活需求也应得到丰富,从而提高室内环境的现代化,改善人居环境。

居民家中内景,如图4-5所示。

以上这些问题虽然必须通过经济水平的提高才能解决,但有意识的引导与帮助,提出改进措施是我们义不容辞的职责。

(二)促进旅游就业

就发展角度来分析的话,张家塔村当前还不具备充足的旅游发展动力,不过开发价值还是比较充分的。鉴于目前配套的道路条件还不具备,以及周边相对形成旅游资源群的条件还不具备,数字化旅游发展可能会是一个比较有效的途径,同时也符合节能环保的理念,因此节能环保类的文旅产业很有开发价值。这一点在很大程度上能够促进张家塔村的经济发展,提高原住民的生活水平。即便张家塔村无法将旅游业作为其支柱产业,但发展文旅产业还是能够在一定程度上提高原住民的收入的,完善村落内的各项基础设施。另外,积极发展旅游业还能对外弘扬当地的文化遗产,让张家塔村和外界之间的经济文化交流更为密

图 4-5　居民家中内景

切，在一定程度上促进原住民人口素质的提升。除此之外，笔者认为，我们还可以从以下两个方面来发展张家塔村的旅游业：首先，政府应扩大对当地旅游发展的财政投入，同时积极引导企业参与到张家塔村的旅游业发展中，加大当地文旅产业的发展力度，积极进行市场营销，让更多的游客知晓张家塔村，来张家塔村旅游，促进其旅游产业的收入；其次，针对旅游利益分配问题，笔者认为应多向原住民倾斜，从而有效改善其生活水平。

从保护层面上来说，笔者认为应在合理合法的要求下对旅游资源进行保护性开发，从而利于物质文化遗产与非物质文化遗产的各方面保护。值得注意的是，开发决不能只顾商业利益而忽略原住民的利益，不应以满足游客为目的，否则，传统的保护将无法继续下去——因为它不符合当地居民的发展需求。

20 世纪 80 年代以后，世界旅游的形式产生了很大转变，从原先旅游重点是自然风光为主到发展为自然风光和民俗文化并重的形式。张家塔村所具有的村落文化有独特的历史底蕴，并且淳朴的民风保有古时的人情关怀，具有很大的旅游开发价值。

旅游业的发展也可以促使手工业的发展，当地手工业所生产的具有当地文化特征的文化产品具有较大潜力，为带动当地经济提供机遇。当地风味小吃也有机会面向更多的人群，促进当地文化的传播。旅游业还可以为当地带来新的资金、人才，只有这样才能更好地保护村落，让村落文化重新闪耀。

（三）强调居民参与

张家塔村的建筑遗存具有重要的历史价值，但同时也是体现当地原住民日常生活的场所。在张家塔村，不仅能目睹历史悠久的建筑遗存和其深厚的文化底蕴，更为珍贵的是，能够亲身体验到由原住民创造和延续的精神形态和社会风俗。

传统村落同人一样，是"有骨有肉"的。其中的文化遗产是"骨"，由当地居民所主导的现实生活是"肉"，二者相辅相依。文化遗产不能够脱离人们的真实生活，而且这种真实生活本身就是遗产的一部分。

张家塔村居民的生活与张家塔村的保护是休戚与共的关系，保住当地居民的主体地位，强调居民的保护意识，提高居民的积极性和主动性，都是对村落整体保护的重要环节。在居民建立了地域特色和生活方式之间的纽带后，他们就会产生以居民自身为主体的，保护和维护当地特色的保护意识，这种保护意识有利于从主观上保护自身村落的文化，有助于村落文化的整体保护。在发展旅游经济方面，应该把居民现有的生活状态纳入考量范围，只有在他们可以保持原有生活状态，又可以通过接纳旅游者的途径提高生活质量的时候，他们才会从主观上积极接纳游客，而不是一味地迎合对方而丧失真实的生活。

二、对物质遗存因素的保护

（一）对建筑的保护

1. 整体风貌保护

再次强调从保护原则的完整性出发，对张家塔村的生存价值进行保护。首先通过地理信息技术，对张家塔村的环境进行要素分析，探究张家塔村的生态特征，进而探讨生态的容量、负荷等内容，做到保护和尊重自然。然后实施较为有针对性的保护，具体包括实现村落与周边环境的和谐相处、保证历史建筑整体形态的完整、保证街巷空间格局的完整等。

2. 建筑保护与修复

文物建筑保护与修复是为了保护和维持张家塔村的历史原真性。通过对张家塔村划分区域保护，对核心保护区保存完好的历史建筑提出保护措施与方案、对损毁和坍塌的历史建筑提出修复方案、对公共建筑遗址提出维护保养方案，三步同时进行以保护张家塔村文物和建筑的真实完整性。

第一步，对区域院落的现状进行资料收集和信息归档，包括核心区域特色院落的建筑年代、院落高度、目前的院落保存情况、风貌等。之后再将建筑分类并汇总信息。第二步，要建立资料库，在第一步收集到的信息的基础上，为每一个院落建立单独的数字档案，尽可能地完善档案内容，而相关的村民、工作人员和有关机构都可以通过档案了解建筑的信息并及时更新。第三步，针对各类型的建筑制订专门的保护和修复计划，不仅做到从理论上建立修复方案，也要考虑修复的实际可行性。

3. 特色院落整治

36院民居建筑是张家塔村作为历史文化名村极具特色的潜在旅游资源。对村民自发设立并具有一定观光价值的旅游景点进一步整治，使现有特色景点规范化、合理化，提高参观者的满意度和景点内容的丰富度。同时，对没有对外开放但具有一定参观价值的院落进行深入挖掘，注重展示古朴的北方传统院落的格局及生活状态。

（二）对建筑文化的保护

1. 对建筑风水文化的保护

对于张家塔村建筑风水文化的保护，可以从三方面进行考量：第一是让风水文化有据可靠，即要尽可能地完善和保护相关的历史遗存，包括但不限于文字资料、名人墨宝等。第二是在目前基础上对整体文化进行保留和记录，通过分析风水文化的相关资料，例如建筑的风水格局和装饰、古城选址的风水要素等，尽可能地保证全村落的文化完整性，让古城居民的文化生活尽可能完整地保留下来。第三是让风水文化与时俱进，将风水文化与现代自然环境保护的理论结合，让古城与环境的结合更加和谐，让风水文化在新时代展现不同的作用与价值。

2. 对建筑风俗文化的保护

张家塔村的传统宗教文化主要体现在建筑中蕴含的儒家文化理念和宗教功能，积极发掘文化在建筑上的表现形式，并在保护过程中对其进行严格保护和重点宣传。可以采用平面和数字媒体等多种形式，使其可视化、形象化。此外可以聘请当地居民对参观者进行更为细致的讲解，通过这种形式促进当地居民同游客双向的文化传承。

三、对生存方式因素的保护

（一）对民俗文化的保护

张家塔村一直都有举行庙会的习俗，主要是以农历为主，虽然规模不是很大，但却是其民风民俗的充分展现。我们在保护其民俗文化的基础上，还能够充分利用庙会以及祭祖活动来进行商品销售，或组织各种独具当地风格特色的表演，从而让张家塔村的民俗文化显得更有活力及吸引力。有组织有计划地对张家塔村现存的民风民俗进行保护，并适当进行改善，加大宣传力度，深入挖掘当地的民间文化及民风习俗，经过合理包装之后再对外展示，这不但能够吸引更多的游客来张家塔村旅游，还能够丰富其历史文化价值。

对民俗文化的保护，最重要的一点还是合理调节旅游业、服务业与居民传统生活之间的平衡，始终把满足原住民的合理生存需要作为传统村落中最重要的目标，这需要政府在建设过程中做好引导与监督工作。

（二）对赵氏宗族文化的保护

赵氏宗族文化是张家塔村的特色文化之一，需要得到我们的重点保护和传承。鉴于已经出版《赵氏宗谱》，这里着重探讨宗祠的保护。首先需要建立赵氏宗祠长期保护与管理机制，对其中各种物品要逐件登记造册，并落实到文字、图片、编号、专门负责人之上。其次，改建、维修祠堂必须尊重原真性和完整性，无论如何再设计，都要带有原来的风格并延续历史文脉。第三，要加强多部门之间的合作，如文物局、旅游局等，既可收取部分费用作为修缮经费，又增加更多的渠道保护赵氏宗族文化。最后，上文提到的，以增强外地族人与原住民交流的一系列活动和举措，也值得参考。

四、对文化心态因素的保护

（一）强调文化认同的重要意义

文化认同是当地居民在传统村落中长期共同生活后，所形成的对本村落核心文化的正面共识，本质上是文化主体对整个文化群体所具有的基本价值的认同，是整个村落的凝聚力，是整个村落发展活力的必要基础。

张家塔村有着其自身的优势，有着清晰而悠久的历史脉络，而当地居民所创造的独特文明又使整个村落拥有了历史的沉淀感。张家塔人并以此为荣，遇见来访者便会侃侃而谈，曾接待我们两次的赵世考老先生就是最典型的一位。但是文化是需要传承的，只有培养出具有同样文化认同感的后人，才可以使文化传承下去。人与文化遗产的相处，不仅是生物体居住于物质空间那么简单，这种物质关系作为基础，更是服务于人与环境之间的意识关系，即人与环境的互动。

笔者在调研中发现，村民们大多保持着朴素的民风，通常会热情的接待到访的客人，同时也希望参与到各类活动中去。笔者建议，首先应该结合张家塔文化对村民进行熏陶，并开展各类的民俗活动和宣传。其次，村委会应该重点关注旅游设施的建设，并无偿向居民开放。再次，将初期所得的旅游经费应用于村中的扶贫工作，让他们理解和认同发展旅游的意义。最后，在居民中召集文化讲解的工作人员，对他们进行文化遗产保护的教育，让他们把张家塔文化传播给每一位游客。村落文化的延续与传承离不开居民对于自身村落文化的归属感和认同感，也正基于此，村落文化才得以延续，也只有当村落中的居民对自己所属环境价值及文化有自己的理解和阐释，并能够主动平衡保护与发展的关系，这个村落的文化内涵才会长盛不衰，旅游资源才会永续发展。

（二）增强文化自觉性的重要意义

从以往生态博物馆、文化生态保护村等相关实践来看，虽然这些实践对民间文化起到了积极的保护作用，但更大程度上只是实现了"就地保护"原则，而没有真正实现当地居民的文化自觉。与此同时，政府、专家等外来力量却成了村落文化的代理人，而本地居民的主人公身份却名存实亡。因此，相较于静态保护，活态保护更倾向于"社区化保护"。笔者强调，应在"就地保护"的基础上保持文化的活态性，遵循一定的工作原则，例如坚持人类社会文化随特定时代发生变化，与当代的经济、政治社会制度、主流价值观密切联系，因此在保护过程中，不去过分追求所谓的"文化原生态"，而是坚持以本地人、本地文化为主体的遗产保护理念，重视文化主体的价值取向和情感表达，使其对自身文化形成观念，从而促进其实现文化自信和文化自觉，解决文化主体边缘化、传统文化变革与重构以及遗产保护与当地居民生存发展的矛盾等问题。

五、对发展活力因素的保护

为了不使张家塔村遭遇余家石头村一样的处境，一定要注重对其新时代新文化的保护和发展。注重当地居民的生存发展需要，与时俱进，关注当地的教育、文化，积极开展科普教育活动，促进当地的现代化建设，形成当地自身的新时代文化。

另外，还要积极发掘具有张家塔村本地特色的文化风情，积极与外来文化相互融合，相互吸收借鉴，以保证当地的文化活力。

注意，这不是要将张家塔村打造为第二个乌镇，而是说古老的文化不能够尘封不动，任其自生自灭或任其故步自封。在新时代，乡村应当保有自己的特色，但在具有传统特色的同时，也应该具有新时代的内容，彰显现代活力，长此以往，村落才能够向前发展，从而带动文化遗产的保护与研究。

第五节　活态传承的理论创新

在理论创新阶段，笔者提出了三条工作方法和原则，意在拓宽对张家塔村及其一类的传统村落中文化遗产和非物质文化遗产的保护和传承渠道，以促进其生存价值的延续和发展。

一、政府引导，政策扶持

首先要明确的是，对张家塔村下一步的保护开发工作的主体应该是政府主导下的多方参与。在此之前，已经有企业提出介入张家塔村的旅游规划，但是政府必须作为主导，对于企业的行为进行足够的规范，这符合保护为先的理念。

其次，政府能够开放政策性的扶持。由于申请保护和发展的传统村落不在少数，政府的资金未必充足，所以需要通过政策性的扶持，给相应的企业提供免税等补偿，引进有价值和想法的企业，同时限制企业的权力，甚至引导劳动力就业。在专家建议下的平台可以由企业、村民共同入股，而政府必须承担监督的责任。我们提倡政府作为开发的主体，扛起文化保护的大旗，当文化保护、文化传承与经济利益产生冲突的时候，政府能够优先考虑传统村落的利益。

二、专家智库，创意审美

专家智库也是在政府引导下，由各界专家学者、设计师、建筑师对传统村落的各方面价值进行充分的评估，综合考虑发展和保护的。为了支援这些村落的保护和建设，会出现许多不同形式的解决方案，里面涉及的股权分配、效益分配等，也需要社会各界更深入的探讨。

同时，保护发展模式的创新依赖于设计体系的构建。首先，在创新之前，需要专家分析张家塔村建筑遗存的级别、类型、空间场所关系，解读传统民居的营造技术以及建筑和周边自然环境的特征，以更新张家塔村的居住空间、生产空间、公共空间，促进其现代化发展；其次，要促进张家塔村落文化的转型，将传统的村落文化建设与自然生态环境资源等相互结合起来，通过交互设计赋予村落更多的体验与情感内涵，利用"互联网＋传统村落"推广特色农产品、特色本地农耕文化和民俗文化产品。一些物质文化艺术，如村落中的古建筑、装饰、空间等，还有一些文化遗产，如经久老手艺、仪式活动、风俗民情等，通过一些富有创意的形式进行宣传。不同的村落由于所处地域不同、经济水平不同、民族习俗各有差异等，村落的文化设计应有针对性，设计结果应有所不同。通过"互联网＋传统村落"构建村民、社会、政府之间联系的平台，利用时下流行的公众号、微信、App、O2O等交流手段使村民获得更多的信息以及资源，了解更多的国家政策，从视觉传达、用户体验、情感链接等方面感受平台的有效连接作用，从而充分发挥平台的作用来对村落价值进行宣传，对社会资源进行共享。

三、企业共建，居民入股

张家塔村的旅游业正在筹划阶段，村民们最主要的收入还是农业收入。在保护张家塔村文化遗产的基础上，将张家塔村文化遗产潜在的旅游价值开发出来，同时注重保护资源，为村民们创收。

企业可以在政府主导下，参照方山县的旅游发展规划，结合张家塔村的实际情况，进行旅游发展规划的制定，以活态传承的思路充分挖掘当地特色民俗风情、特有的生态环境及资源，以民俗旅游、生态农业旅游为主题发展旅游业，促进当地的文化保护和传承以及增加居民收入。但是要注意的是，企业实际上只是一个共建的角色，绝对不能成为主导，企业可以引进来参与，提供资金，企业介入之后，权力决不能够像一般的商业活动中一样大，而是要弱化自己的身份，而村民的身份则要成为重点，可以通过传统民居入股，由此来探讨一种宏观的模式。

江西省塔川村目前正在尝试类似的模式，村民用自己的传统房屋入股，通过签订长期的合同，使企业贷资进入经营农家乐等旅游设施，并从中收取一部分分红。

第五章　张家塔村的数字化保护实践

第一节　张家塔村文化遗产的数据采集技术

一、数字影像拍摄

利用照相机对建筑遗产进行记录和保存的方式，从梁思成先生进行古建筑研究时就已经开始使用。自产生之日起，摄影技术发展速度飞快，时至今日，使用相机拍摄高清图片对文化遗产进行记录，已经成为最普遍和最基础的数字化技术。拍摄数字影像在数字化技术中具有其自身独特的优势。首先是较低的成本和较高的效率，就传统的抄写文字资料、绘制图形来说，数码摄影的保存与传输的成本极低，传播速度快，后期处理的程序相对较少，技术运用已经比较成熟。数码摄影本身又具有真实反映对象的视觉信息的特质，是对文化遗产当下现状最直观的表达。因此，数码影像技术是传统村落数字化中最常用的手段[48]。

本次数字化实践中也大量使用了这样的手法，摄影的范围涵盖了各个方面，包括针对建筑样式和建筑结构细节的影像记录（该部分结合了传统的建筑测绘手段，用以辅助CAD图纸的绘制和作为三维建模的参考。主要包括梁顶六院上层中院和上院中的建筑：四合院的院落空间结构、砖砌窑洞的砌砖方式、屋顶的建筑结构、厦檐的结构、地砖的铺装方式等）、反映当地居民生活状态的纪实性摄影、突出表现张家塔村落建筑风貌的带有艺术表现性的摄影作品。除此之外，本次实践过程中，还利用单镜头反光相机拍摄了大量的表现建筑材质状况的高质量贴图（包括墙面、木材、木雕、砖雕、瓦片，以及一些建筑细节），为后期利用三维软件制作场景复原效果图做准备。

院内建筑细节1，如图5-1所示。院内建筑细节2，如图5-2所示。

二、村民口述史的视频音频记录

田野调查也是对传统村落文化遗产进行研究的重要方式。我们可以从当地居民的口述史中找到很多史料难以描述详尽的细节，得到对于整个村落更为全面的认识，以及一些流传在当地民间的传说，因为当地居民的认知大部分来源于祖辈相传或者记忆回忆，虽然不可能保证内容的完全真实，但也是不可忽略的重要参考。再加上人们对传统村落文化的漠视，详细了解村落相关历史的人越来越少，仅存的能够满足口述史资料的人以老人为主，在此等情况下，口述史的收集与保存就变得弥足珍贵。

进行口述史调查，如图5-3所示。

在本次数字化实践中，我们针对建筑构造和村落历史等问题进行了田野调查，拍摄了视频记录，同时撰写了相关的访谈记录。以下是本次张家塔村数字化实践的口述史整理文件清单："关于张家塔村村落名称由来的口述史""关于张家塔村祖宅及明德堂、敦厚堂建造的口述史""关于张家塔村梁顶六院建造的口述史""关于张家塔村饮食习惯的口述史""关于张家塔村葬礼习俗的口述史""关于张家塔村民居建造流程以及相关逸事的口述史"。

第五章　张家塔村的数字化保护实践　131

图 5-1　院内建筑细节 1

图 5-2　院内建筑细节 2

图 5-3　进行口述史调查

在进行口述史调查以及后期资料整理的基础上，我们梳理了张家塔村落建成的基本脉络，明确了各个院落的建成年代和房屋归属，对现有的文献记录进行了补充。从村民的口述中得到了很多已损坏建筑的信息，条壕里院落群中大量因战争、火灾而损毁的建筑的样貌，这些未曾被记录的信息是十分宝贵的。搜集到了在建房的过程中发生的、反映张家塔村淳朴敦厚民风的村落传统故事。这些数据都是张家塔村落数字化重建过程中很重要的数据，一方面可以作为建筑复原的参照，另一方面这些口述史中蕴含着大量传说、故事、习俗等非物质文化遗产的内容，对这些内容进行采集同样是对村落非物质文化遗产的一次保护，是后面将要进行的数字交互平台建设中非常重要的一环。

三、三维激光点云数据采集

20 世纪 90 年代开始兴起的三维激光扫描技术，是测绘领域的一大技术突破，该技术通过激光发射器向环境中连续发射激光脉冲，通过采集相应取样密度的反射脉冲来计算空间的位置信息，并将这些激光采样点以三维点云的数据形式记录下来。中国引进这项技术的 20 多年来，在工程方面的使用日渐成熟，测量精度也日渐提高，三维激光扫描技术的出现大大提高了传统建筑测量方式的工作效率，并且与地理信息系统、建筑信息模型化系统结合使用，可以分析建筑的倾斜、沉降、病虫害等信息。这种快速、非接触、精度高的三维扫描技术逐渐应用在了考古学实践中。

点云扫描现场，如图 5-4 所示。

在本次张家塔村落数字化实践中，我们主要针对梁顶六院中的典型院落上三院的中院和上院组成的相对完整的四合院进行了三维点云数据的采集。使用的设备是激光扫描仪，后期处理软件是 FARO 激光扫描仪自带的点云处理软件 SCENE。采集的过程包括外业工作和内业工作两大部分。外业工作：首先对整个工作范围进行了面积测算和地形探测，得到了基本的扫描点的数量和工作时间的估算。之后在整个地形中利用全球定位系统建立虚拟的坐标系，再根据扫描仪的工作特性、现实建筑内部的空间结构，以及之前对于地形的调查综合分析，设置三维扫描仪的扫描位置。

本次扫描的区域比较大，空间结构相对复杂，因而采用了多站点扫描，最终后期拼合的方式进行三维数据的采集。在多站点扫描拼合的过程中，需要保证多次扫描之间

图 5-4　点云扫描现场

拼合精度的问题，因此我们使用了半径为 0.725 厘米、表面纯白色、折射率极低的标靶球，以便在后期用点云软件拼合的时候，作为公共点进行参考，标靶球的位置要保证每两站相邻扫描位置之间都可以保证有 3 个或 3 个以上的共同标靶球，除此之外，在使用扫描仪的同时，需要保证相邻的几个扫面站点的扫描区域之间有 30% 以上的重复率，这一点同样是为了保证后期点云数据的拼合精度。使用激光扫描仪进行点云数据采集有其自身的短板，那就是对于激光无法直接照射到的地方，会产生点云数据的空缺，在后期拼合时会产生"空洞"；在扫描过程中，有树木、花草，甚至工作人员不小心进入了扫描区域，也会在产生的最终数据中出现我们不需要的"杂点和噪点"。因此，在外业扫描时，要尽可能地保障被扫描物体与扫描仪之间的空间中没有任何干扰和阻挡。但是面对屋顶面这种由于受到上仰视角的限制而很难被扫描仪的扫描范围覆盖的或者因为建筑结构而造成了不可避免的遮挡的情况下，"空洞"的产生是难以避免的。笔者认为，考虑到传统村落的建筑结构以及周边环境的复杂性，现阶段的三维激光扫描仍然无法完全代替传统的手工测量方式，只能作为提高工作效率的手段起到辅助测量的作用。

标靶球布置情况，如图 5-5 所示。扫描仪布置图，如图 5-6 所示。标靶球布置图，如图 5-7 所示。

内业工作：主要是针对点云数据的处理，包括：配准、降噪、精简、拼合、切割、导出这几个步骤。在后期的软件中，已经提供了很规范的操作流程，只要前期的外业工作准备得充分，最终产生的点云数据不会有很严重的误差。点云数据在经过处理之前会有很多"杂点"，这是由于场景中无法避免的会产生很多干扰，如飞虫鸟兽的晃动、植物的晃动等，需要人为地对点云数据进行清理，以得到准确而清晰的数据，提高点云拼合精度。在拼合多站点的点云数据后，就可以得到完整的建筑的点云数据了，可以通过三维视图，对整个建筑空间进行直观的观察，如图 5-8、图 5-9 所示，也可以利用软件内自带的工具，对建筑空间内具体的尺度进行测量。最终本次张家塔传统村落数字化实践对于点云数据主要应用在以下四个部分：① 作为基础的尺寸数据进行保存。点云数据中保留着大量直观准确的尺寸数据，反映着建筑的现实情况，作为一种基础

图 5-5 标靶球布置情况

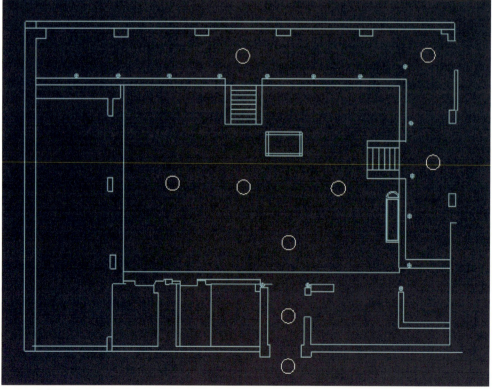

图 5-6 扫描仪布置图

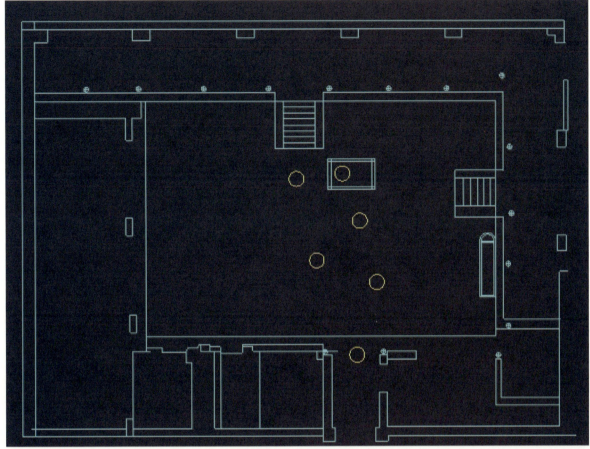

图 5-7 标靶球布置图

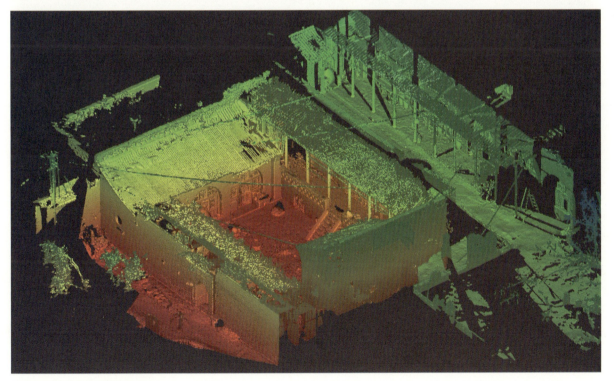

图 5-8 激光点云高程图拼合图像

图 5-9 激光点云扫描解析拼合图像

数据保留，具有很高的价值。②作为三维建模的复制参考。因为点云数据使用的广泛性，现在各大主流建模软件都为其开发了兼容的接口，方便数据的导入。因为我们使用的设备的缘故，我们取得的点云数据未能直接生成三角面的基础模型，所以点云数据只能导入建模软件，以便我们进行模型比对。③生成正射影像。点云数据可以与同时生成的影像图片进行匹配，将每个数据点赋予真实色彩的 RGB 信息。在点云处理软件中，手动在坐标轴中定义一个虚拟的平面，使该虚拟平面与所需要的正射影像方向空间垂直，再将这个平面与点云数据匹配，就可以得到点云数据中与此虚拟平面同样位置的数据，进而得到所需要的正射影像数据。④进行点云切割，得到建筑剖面，辅助绘制 CAD 图纸。利用点云后期软件的点云处理功能，可以很快速地将点云进行切割，生成建筑的平面、立面、剖面，结合传统的测绘方式，提高图纸的绘制效率。

四、无人机全景拍摄与近景摄影测量技术

摄影测量时一种利用相机来获取数字影像，再经过软件对相片的处理来获取被拍摄对象的形状、大小、空间特征等视觉信息，具有瞬间获取空间信息的优势，同时也是一种非接触、不干扰、不伤害的测量手段，能够快速生成高质量的三维模型、数字高程模型，具有真实的纹理和贴图，同时也能够快速产生高分辨率的正射影像、三维影像，是一种十分便利有效的数字化手段。分别在地面和空中利用无人机搭载单镜头反光相机对建筑进行拍摄和取样，可以弥补因为视角的缺陷而造成的数据缺失，再根据摄影测量技术的要求，拍摄足够的照片之后，就可以在计算机里快速生成真实的模型。本次数字化实践对于这种技术的探索还在进行之中，目前尚未将无人机与近景摄影测量付诸实践。根据已经采集到的实验数据来看，无人机的拍摄加上近景摄影测量这种数字化采集方式产生的数字化产品，对于张家塔这样的传统村落来说，有其自身的优势和价值，值得我们继续研究和讨论。可以利用这种方式，快速获取整个张家塔古村落的三维空间形态，以及建筑的整体空间布局，还可以精细扫描建筑构件，对建立张家塔村落三维数据库十分有利。利用这种方式产生的三维模型数

据具有高效和直观的特点，可以广泛运用于传统村落的数字化展示。

第二节　数字化数据的后期应用

本次针对张家塔村数字化实践，利用了很多行业内已经比较成熟的数字化数据采集的手段，采集到的数据包括大量摄影照片、口述史资料、音频、视频、无人机航拍图片、三维点云数据。在对这些数据进行整合分析的基础上，我们首先将点云数据导到 AutoCAD 中，结合传统测绘方式得到的数据与点云数据相结合，制作出了梁顶六院上层中院的四合院的 CAD 图纸，图纸包括院落的平面图、立面图和一些细节的大样图。

建筑立面图（局部），如图 5-10 所示。院落立面图，如图 5-11 所示。花砖大样图，如图 5-12 所示。滴水大样图，如图 5-13 所示。

在此基础上，我们又将点云数据导入 3D Studio Max 中，结合 CAD 图纸辅以数字影像为参考。在建模过程中，以单一的建筑结构为最小单位进行建模，保证准确反映建筑构件的尺寸结构以及各个建筑构件之间的关系，最终完成整个三维模型的制作。再利用在当地拍摄好的材质和贴图的图片，使用 Photoshop 进行后期处理，成为可以方便使用的贴图，导入建模场景中模拟真实场景。再利用 V-RAY 渲染器进行材质属性的赋予以及灯光和摄影机的添加，最终制作出基于真实数据尺寸与环境贴图的效果图，对原有的村落进行数字复原（如图 5-14、图 5-15、图 5-16 所示）。

比较遗憾的是，因为项目进度的关系，目前暂时还未能完成项目计划中对张家塔数字化的交互系统的搭建。

图 5-10　建筑立面图（局部）

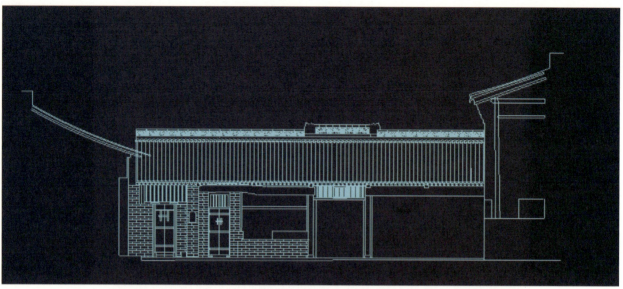

图 5-11　院落立面图

图 5-12　花砖大样图

图 5-13　滴水大样图

图 5-14　建筑复原效果图 1

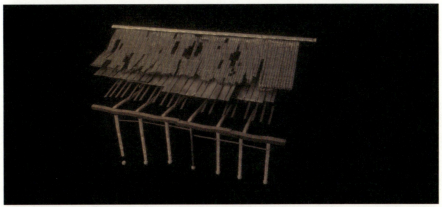

图 5-15　建筑结构分析效果图

图 5-16　建筑复原效果图 2

第三节　张家塔村与相关案例的比较分析

针对张家塔村这样的村落的数字化，与目前国内实现的大部分数字化案例有所不同，传统村落这样的数字化主体相较于其他的单独文物、文物建筑、遗址遗迹来讲具有特殊性。它们之间的差异表现在以下几方面：

数字化内容上的综合性。传统村落数字化的内容与文化、建筑遗产、大型遗址遗迹所不同的是，传统村落中的文化遗产既包括了传统建筑、文物单体、街巷空间等物质文化遗产，还包含了宗族传统、民间传说、民间技艺这样的非物质文化遗产。在进行文化遗产数字化的保护和研究时，不应该孤立地看待这些物质文化遗产，而应该把这些物质文化遗产和非物质文化遗产看作一个整体，在听取专家们对当地文化遗产的评估意见的基础上，更应该多参考当地原住民对这些文化遗产的建议和看法。这对于从事文化遗产数字化的工作人员来说就提高了工作要求。

传统村落数字化保护中成本的投入问题。对大型遗址遗迹或者各大博物馆来说，目前可用于传统村落的文化遗产进行数字化的支持相对较少。如张家塔一样的被评定为传统村落的有价值的古村落数量众多，但是并非所有的村落都拥有足够的资金和人员投入对整个村落的文化遗产进行整体的数字化转化，另外，目前传统村落的保护状况令人担忧，随着时间的推移，越来越多的传统建筑正在遭受损毁，村落中的文化遗产在逐渐的消亡并被人淡忘，数字化保护所要投入的时间效益也是我们不得不正视的问题。因此，在对张家塔这样的传统村落进行数字化保护时，就要考虑到技术成本和时间成本的投入问题，要尽量选择高效、成熟的技术，使资源效益利用效率达到最大化。

传统村落中的文化遗产是活态的，文化遗产保护的目的不仅仅要对传统村落中的文化进行传承，更需要关注目前生活在传统村落中的原住民的生活。传统村落文化遗产是属于人民大众的，我们进行文化传播的对象是人民大众，文化的传承者也是人民大众，文化产业最终的受益者自然也应该是人民大众。在针对传统村落文化遗产进行数字化转化的过程中，希望最终数字成果的应用能够为当地村民改善生活提供帮助。

第四节　对传统村落数字化创新利用趋势的展望

对我国文化遗产保护的意义在于对我国优秀传统文化的传承，这种传承不应该是机械的，而应该是活态的，是被人们所普遍认知和接受的，并且能够真正融入我们的现代生活、丰富我们的精神世界。我们进行文化遗产数字化保护的目的和意义，同样也不应该止步于对文化遗产"记录式"的保护，而应该积极去促进人们认知、接受、欣赏甚至主动加入文化传播的队伍。文化遗产要真正在现代生活中发挥作用，展示和传播方面的研究和实践必不可少。当今文化遗产数字化的过程，已经超越了历史学、考古学等单一学科的研究范围，而变成了一种历史、信息、艺术、互联网和相关工程学的一个综合体，只有多学科的共同参与，才能保证文化遗产及其数字化展示和利用在各个环节上的高质量。增加文化遗产在展示利用方面的创新，是文化遗产数字化的必然趋势。

文化的创造者是人民大众，最终的受益者也应该是人民大众。我们对文化遗产进行数字化保护，最终是想把我们民族珍贵的文化更好地展现给大众，希望大众能够更好地理解自己的文化、了解自己的传统，最终营造一个对于国家和民族文化价值认同的氛围，只有在这个基础上，我们才能促进文化的创新、文化产业的发展，最终达到民族文化的自信。所以，我们认为文化遗产数字化的展示与传播，必须立足于大众，提倡大众参与，而并非让大众成为一个被动的接受者，应该去激发大众对于文化遗产的兴趣。近年来，很多文博单位和媒体，都在提升大众对文化遗产的关注度上做了很多努力。中国中央电视台的栏目《国家宝藏》、纪录片《我在故宫修文物》等案例以精美的编排和构思，拉近了大众与文化之间的距离，在海内外引起的强烈反响。故宫博物院近些年来也在不断进行着数字化展览展示上的创新，无论从官方网站的革新，还是微信公众平台的运营方式，都在为大众认知和了解文化遗产提供良好的体验。关注大众的需求，吸引大众对于文化遗产的关注,鼓励大众参与文化遗产保护、利用数字时代的互联网思维,提供开放和共享的文化资源,推动文化产业的发展,是文化遗产数字化发展的重要方向。

传统村落的文化遗产数字化更应该是贴合人民的。费孝通先生在其著作《乡土中国》中说道:"从基层看去,中国社会是乡土性的。"中国社会和文化的根基,就在这些传统村落之中。传统村落文化遗产,就是当代中国人的"乡愁"。所以传统村落文化遗产不应该被束之高阁、只留在学术研究领域或当作博物馆中的陈列品,而应该更多引导大家发现和利用传统村落中的文化遗产的价值。利用数字化技术和网络平台,增强传统村落文化遗产的传播与现实转化,将传统村落文化遗产的实体,通过数字化技术和传播方式转译为数字形式进行传播,在通过数字虚拟的传播,引导大众重新关注传统村落文化遗产的现实实体,由数字网络中的虚拟行为,转化为现实中的实体行为,比如对古建筑修复的募捐、原住民生活条件的改善、文创产品的开发等。

目前国内主要数字化项目的技术流程大致上如图5-17所示。从图5-17中可以看到文化遗产本体与用户之间的连接是单线程的,公众在被动地接受经过数字转化后的信息,并且没有反馈和互动的渠道,在整个数字化的展现过程中,是以一个"观察者"的心态和角度去参与的,传播的效果有限。

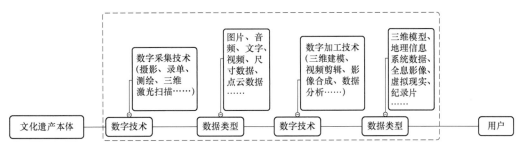

图5-17 原有文化遗产数字化技术流程图

在张家塔古村落文化遗产数字化项目实践之后,我们在现有数字化技术的基础上,结合文化遗产数字化发展的趋势和对传统村落数字化的理解,提出了以下传统村落数字化在展示利用方面应用的模式的构想。

原有的文化遗产数字化的技术模式是由数字采集、数字加工、数据库存储和数字展示这几个部分构成的。而在我的构想中,将原有的数据展示模式,集中在一个拥有面向用户的交互系统的综合数据应用平台上(图5-18)。在此平台上,对传统村落文化遗产研究的成果进行展示,平台展示的内容,由专家来进行学术上的核查和内容上的编排,保证学术上的严谨和信息传递的准确性。

用户可以根据自己的喜好,选择不同的文化遗产主题以及不同的数字化呈现方式。平台基于用户进行的选择,依托交互系统中用户偏好分析系统(此处的分析系统,可以依托用户的选择逻辑进行分析,也可以借助可穿戴系统、眼动仪、热点分析系统等),为用户提供更加贴合用户的信息,最终系统将通过对这些信息的综合分析,引导用户走向一个多结局的产出方式。这种多结局的产出方式,包括介绍文化遗产的历史信息的文本、图形图像、三维打印模型、旅游线路规划、民俗产品订购、相关文创产品、扶贫捐助信息等。在整个交互系统中,用户根据喜好程度选择不同的数字化方式、不同的选择指向不同结果的产出,用户与文化遗产数字化系统之家产生了互动与联系。系统可以根据用户的选择得到大数据的分析,得到用户的反馈,调整数字化的技术产出和技术标准、优化系统中的数据结构,完成整个数据的流动和更新。用户在整个交互系统里参与了反馈,做出了选择,得到了多样化的产出,从文化遗产数字化的角度来看,促进了数字化内容的深入和更新,也促进了数字展示技术和形式的进步。

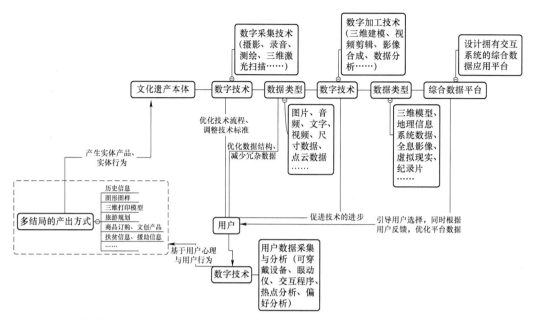

图 5-18 新型文化遗产数字化模式流程图

参 考 文 献

[1] UNESCO. Report of the Director-General on the Activities of the Organization[EB/OL]. https://unesdoc.unesco.org/ark:/48223/pf0000086600.

[2] 史晨暄. 世界文化遗产"突出的普遍价值"评价标准的演变[J]. 风景园林，2012（1）：58-62.

[3] 乔晓光. 活态文化[M]. 太原：山西人民出版社，2004：150-152.

[4] 赵晓梅. 活态遗产理论与保护方法评析[J]. 中国文化遗产，2016（3）：68-74.

[5] 高梧. 非物质文化遗产保护中的"活态保护"[J]. 绵阳师范学院学报，2007（7）：127-130.

[6] 汪芳. 用"活态博物馆"解读历史街区——以无锡古运河历史文化街区为例[J]. 建筑学报，2007（12）：82-85.

[7] 徐用高. 羌族非物质文化遗产静态保护和活态传承结合模式构建研究[D]. 重庆：西南大学，2011.

[8] 王雷. 历史文化名村活态遗产保护研究[D]. 保定：河北农业大学，2013.

[9] 赵越. 非物质文化遗产的活态传承研究——以绛州锣鼓文化为例[D]. 太原：太原理工大学，2014.

[10] 朱生东，赵蕾. 徽州古村落农业文化遗产活态保护模式研究[J]. 中国农学通报，2014，30（11）：315-320.

[11] 王晓琼. 浅析对中国农业文化的活态保护[J]. 农村　农业　农民，2011（3）：36-37.

[12] 赵心愚. 西南民族地区面具文化与保护利用研究[M]. 北京：民族出版社，2013：126-127.

[13] 周俭. "活态"文化遗产保护[J]. 小城镇建设，2012（10）：44-46.

[14] 欧阳国辉，王轶. 中国传统村落活态保护方式探讨[J]. 长沙理工大学学报，2017，32（4）：148-152.

[15] 王献水. 土司遗址的活态保护[D]. 长沙：湖南师范大学，2016.

[16] Tibor H, Joern F, Claudia N C, et al. The Importance of Ecosystem Services for Rural Inhabitants in a Changing Cultural Landscape in Romania[J]. Ecology and Society, 2014, 19（2）：42.

[17] ICOMOS. The Venice Charter for the Conservation and Restoration of Monuments and Sites[EB/OL]. https://www.gdrc.org/heritage/vienna.html.

[18] 吴兴帜，罗沁仪. 手工艺遗产保护传承研究：回顾与思考[J]. 云南师范大学学报（哲学社会科学版），2015，47（1）：56-62.

[19] 朴龙洙. 韩国新乡村运动述论[J]. 西南民族大学学报（人文社会科学版），2011，32（4）：55-59.

[20] 任朋朋，张丹华，侯爱敏，等. 国外村庄规划中的文化要素处理及启示[J]. 南方农村，2012（1）：33-37.

[21] 申明锐，张京祥. 新型城镇化背景下的中国乡村转型与复兴[J]. 城市规划，2015，39（1）：30-34.

[22] 赵勇. 中国历史文化名镇名村保护理论与方法[M]. 北京：中国建筑工业出版社，2008：6.

[23] 建设部，国家文物局. 中国历史文化名镇（村）评选办法[J]. 城市规划通讯，2003（18）：3.

[24] 鲁可荣，胡凤娇. 传统村落的综合多元性价值解析及其活态传承 [J]. 福建论坛（人文社会科学版），2016（12）：115-122.

[25] 郭潇. 适应黄土高原山地环境的传统聚落与民居形态特征分析 [D]. 太原：太原理工大学，2015.

[26] 冯瑞. 张家塔民居建筑及保护的研究 [D]. 太原：太原理工大学，2013.

[27] 国务院办公厅关于加强我国非物质文化遗产保护工作的意见 [EB/OL]. http://www.gov.cn/zwgk/2005-08/15/content_21681.htm.

[28] 国务院关于进一步加强文物工作的指导意见 [EB/OL]. http://www.gov.cn/zhengce/content/2016-03/08/content_5050721.htm.

[29] 中国联合国教科文组织全国委员会秘书处. 保存数字遗产宪章 [EB/OL]. http://www.moe.gov.cn/srcsite/A23/jkwzz_other/200310/t20031015_81413.html.

[30] 阿弗拉米朵，尚晋. 大会发言稿 [C]. 北京：第二届文化遗产保护与数字化国际论坛，2012.

[31] 贺艳，马英华. "数字遗产"理论与创新实践研究 [J]. 中国文化遗产，2016（2）：4-17.

[32] 刘灿姣. 我国传统村落文化保护须用好"互联网+" [N]. 光明日报，2016 - 01 - 03（8）.

[33] 吴美萍. 文化遗产的价值评估研究 [D]. 南京：东南大学，2006.

[34] 徐春龙. 农业文化遗产的价值评估与活态传承 [D]. 福州：福建农林大学，2016.

[35] UNESCO. Convention for the Protection of the World Cultural and Natural Heritage[EB/OL]. http://whc.unesco.org/en/conventiontext.

[36] 中华人民共和国非物质文化遗产法 [EB/OL]. http://www.npc.gov.cn/huiyi/lfzt/fwzwhycbhf/2011-05/10/content_1729844.htm.

[37] UNESCO. Recommendation Concerning the Safeguarding and Contemporary Role of Historic Areas[EB/OL]. http://portal.unesco.org/en/ev.php-URL_ID=13133&URL_DO=DO_TOPIC&URL_SECTION=201.html.

[38] UNESCO. Proclamation of Masterpieces of the Oral and Intangible Heritage of Humanity[EB/OL]. https://ich.unesco.org/en/proclamation-of-masterpieces-00103.

[39] UNESCO. Convention for the Safeguarding of the Intangible Cultural Heritage[EB/OL]. https://ich.unesco.org/en/convention.

[40] 国务院办公厅关于加强我国非物质文化遗产保护工作的意见 [EB/OL]. http://www.gov.cn/zwgk/2005-08/15/content_21681.htm.

[41] UNESCO. Budapest Declaration on World Heritage[EB/OL]. http://whc.unesco.org/en/decisions/1217/.

[42] Quebec Declaration—On the Preservation of the Spirit of Place[EB/OL]. http://whc.unesco.org/uploads/activities/documents/activity-646-2.pdf.

[43] 中央城镇化工作会议——推进以人为核心的城镇化 [J]. 实践（党的教育版），2014（1）：7.

[44] 杨懋春. 一个中国村庄——山东台头 [M]. 南京：江苏人民出版社，2001：12.

[45] 冯骥才. 传统村落的困境与出路——兼谈传统村落是另一类文化遗产 [J]. 民间文化论坛，2013（1）：7-12.

[46] Paul B. Automatic 3D Reconstruction：An Exploration of the State of the Art [J]. GSTF Journal on Computing，2012（8）：12-16.

[47] Grigore B，Philippe C. Virtual Reality Technology Second Edition [M]. 北京：电子工业出版社，2005：1-3.

[48] 李晓枫. 传统村落的影像数字化留存与传播探讨 [J]. 数字技术与应用，2017（11）：209-210.